Untere Donaulände

LILY GRYNSTOCK
ALFRED LEIS

EINE KULINARISCHE ENTDECKUNGSREISE DURCH LINZ UND UMGEBUNG

UMSCHAU

Pöstlingberg mit Wallfahrtsbasilika

INHALT

KARTE

Landhaus

VORWORT

"Messzi, messzi földön, még az operencián is túl", so beginnen die meisten ungarischen Märchen. Wie im deutschsprachigen Raum „Es war einmal" am Anfang steht, so heißt es in Ungarn: „In einem fernen, fernen Land, jenseits von ‚Ob der Enns'…". Welch ein Land muss das sein? Ein liebliches wohl.

„Ob der Enns" ist der alte Name Oberösterreichs, und dieser Name bezieht sich auf den Fluss Enns, einen Wildwasserfluss, der in den Radstädter Tauern entspringt und bei der Stadt Enns in die Donau mündet. Linz, die Hauptstadt Oberösterreichs, nutzte die Kraft der Donau, als sie sich aufmachte, um nach dem 2. Weltkrieg zum Industriezentrum der Republik zu werden und mit den Vereinigten Österreichischen Eisen- und Stahlwerken (VOEST) nach 1946 einen Ruf von Weltgeltung erlangte. Die Donau macht hier einen Bogen, und vermutlich von dieser Krümmung hat Linz seinen ursprünglich keltischen Namen „Lentos", was „gekrümmt, biegsam" bedeutet.

Nördlich der Biegung liegt der Bezirk mit dem etwas umständlichen Namen Urfahr-Umgebung, der sich in aller Lieblichkeit bis hinauf zur tschechischen Grenze zieht. Als Teil des Mühlviertels fast ausschließlich von der Landwirtschaft dominiert, gehört dieser Bezirk heute zu den begehrtesten Wohnbezirken der Linzer Gegend. Einer der größten österreichischen Dichter, Adalbert Stifter, setzte im 19. Jahrhundert dieser Gegend und ihren Bewohnern in seinem Werk ein Denkmal von unnachahmlicher schriftstellerischer Prägnanz.

Südlich der Donau lehnt sich Linz-Land mit riesigen Äckern und Feldern an die gewaltigen Alpen, deren Salzkammergut-Gipfel bis zu den Hügeln von Kronstorf leuchten. Bei Traun wuchs Anton Bruckner auf, er wirkte viele Jahre als Organist und Musiker in dieser Gegend. Seine kraftvollen, grandiosen Kompositionen gelten vielen als „die Krone der Musik des 19. Jahrhunderts".

Die Ungarn haben wohl Recht, wenn sie ihre Märchen in diesem wunderbaren Land ansiedeln. Denn dort feiert die Lieblichkeit Hochzeit mit dem Machtvollen, ganz wie in den Werken der beiden großen Meister der österreichischen Kultur des 19. Jahrhunderts. „Und wenn sie nicht gestorben sind, so leben sie noch heute", heißt es am Schluss vieler Märchen. Sie sind zwar gestorben, die Meister. Doch leben sie noch heute.

Lentos Kunstmuseum

URFAHR
UND UMGEBUNG

Der Dichter und die Waldglasmacher

Es war nur eine einzige Begegnung, nur ein einziger Kuss. Nie sahen sie sich wieder, aber der Dichter sprach noch auf dem Totenbett davon. Die Begegnung fand in Linz statt, in einem Lokal in der Nähe seiner Wohnung. Adalbert Stifter folgte an jenem 16. April einer geheimnisvollen Einladung, die er sich nicht erklären konnte. Es war irgendwann in den 1860er-Jahren, in der Zeit, als Stifter von Linz aus immer wieder auf Kur ins Mühlviertel fuhr. In jene Gegend, der – und deren starken, manchmal melancholischen Charakteren – er literarische Denkmäler setzte. Wenn er in „Katzensilber" einen Blick auf die Landschaft wirft, dann sieht er „in nähern und fernern Kreisen Hügel, die mit Feldern und Wiesen bedeckt sind, manches Bauernhaus, manchen Meierhof zeigen, und auf dem Gipfel jedesmal den Wald tragen, der wie nach einem verabredeten Gesetz alle Gipfel jenes hügligen Landes besetzt."

Typisch Mühlviertler Bauernhöfe sind Steinbloßhöfe, denn diese überaus malerische Bautechnik ist hier weit verbreitet. Oft sind es Dreiseithöfe, aber auch Kapellen oder Mauern, bei denen die größeren Granitfeldsteine unverputzt bleiben, weil Kalk hier früher selten und teuer war. Wie Schneeleoparden tragen die Fassaden ein scheckiges Muster aus dunklen und hellen Stellen.

Der Bezirk Urfahr und Umgebung beginnt in einem Stadtteil von Linz und zieht sich weit hinauf zum Böhmerwald an der tschechischen Grenze. Es ist eine reiche Gegend und war es schon immer, mit fruchtbaren Böden, riesigen Äckern und Wäldern. Bis ins Mittelalter hinein gab es vielerorts noch Urwälder, die aber bereits zu Zeiten Stifters nur noch erahnbar waren.

In Kirchschlag kurte Stifter in seinen späten Jahren oft. Es liegt auf einer Anhöhe recht nahe bei Linz, und noch heute erzählen die Kirchschlager, wie der Schriftsteller mit seiner Frau, die meist in der Unteren Donaulände blieb, kommunizierte. „Er stellte ein Fernrohr ans Fenster, blickte hinunter, und wenn Amalie eine weiße Fahne ans Fenster gehängt hatte, wusste er, er muss schnell nach Hause."

Das Mühlviertel ist die kulinarische Schatzkammer von Linz. Rinder, Getreide, Früchte und Beeren, Wild und Schwammerln gedeihen in und auf dieser Erde prächtig. Wanderer kommen an Feldern von Kräuterbauern vorbei, wo Ringelblumen, goldgelber Arnika, Goldmelisse und Indianernessel wachsen, Blumen, die immer wieder auch in der Küche der Region verwendet werden.

Viele Schaubetriebe bringen Besuchern typisches Handwerk aus der Region näher, zum Bespiel die Leinenweberei. Früher war die Gegend für den Flachs berühmt, die Mühlviertler Leinenweber hatten bereits im 16. Jahrhundert einen großen Ruf. Nicht nur ihre Kultur erschließt sich auf einem Themenweg. Die Tourismusregion Mühlviertler SternGartl weist auf die Vielfalt heimischer Kulturlandschaft hin. Moore, kleine Quellen, feuchte Gräben und romantische Bäche zeugen vom Wasserreichtum. Oben, in Bad Leonfelden, kennzeichnet eine Granitplatte die Wasserscheide zwischen dem Atlantischen Ozean und dem Schwarzen Meer. Aufmerksame Beobachter können sie auch am Lauf der Flüsse wahrnehmen – der Granitzbach fließt nach Norden, der Rodlbach nach Süden.

Im 14. Jahrhundert trugen ein paar Menschen, die tief im Wald lebten, den Namen Leonfelden in die Welt hinaus: die Waldglasmacher. Es gibt nur noch wenige Überreste ihrer Arbeit, einige Klumpen, Perlen, Quarzsteine, Reste von Öfen nahe einer Quelle. Waldglas ist ein leicht grünlich gefärbtes Pottascheglas, aus dem die kleinen runden Butzenscheiben gemacht wurden, die heute fast völlig aus der Architektur verschwunden sind. Aber auch im Mittelalter und bis ins 16. Jahrhundert hinein waren sie sehr selten, weil Glas damals ein Luxusgut war, das sich auch in Form von Trinkgefäßen fast nur in Adelshäusern oder bei reichen Städtern fand. Einer der Gründe, warum alte Bauernhöfe relativ kleine Fenster haben, die noch mehrfach unterteilt waren, lag in den hohen Kosten des Glases. Sprang eine Scheibe, so musste nur eine relativ kleine Fläche ersetzt werden und das Unglück war nicht gar zu groß. Auch die Sprossenfenster sind aus der Architektur vielfach verschwunden, was den Rhythmus der Architektur erheblich stört und die prächtigen Bauten entwertet. Heute verhält es sich nämlich umgekehrt: durchgehende Scheiben sind wegen der geringeren Produktionsschritte wesentlich billiger.

Aus dem Mittelalter stammt auch ein schauriges Denkmal im Zentrum von Hellmonsödt. Diese kleine Ortschaft, die Reitern, Golfern, Skatern und Langläufern eine gute Basisstation

DER PILGER UND DER DICHTER

bietet, liegt auf über 800 Meter Seehöhe über der Nebelgrenze. Am Marktplatz können Ermüdete auf einer Bank vor einer 1566 errichteten Säule ausruhen – und sich vorstellen, wie es sein mag, samt seinem Sündenkatalog an diese Säule gefesselt zu sein, den Blicken und dem Gespött der Vorbeikommenden ausgeliefert. Denn dies ist der alte Pranger.

Der Mann, der um das Treffen mit dem Dichter gebeten hatte, sah sie niemals. Er sah überhaupt nichts von dieser Gegend. Eine halbe Stunde oder länger saß Stifter dem gebückten, kränklich aussehenden alten Mann in seinem nassen Mantel mit den langen grauen Haaren und zwei Strängen Backenbart gegenüber. John Benotts aus Amsterdam, ein Verehrer seiner „Studien". Viel haben sie nicht gesprochen. Benotts bestellte Wein, sie stießen schweigend an und sie tranken. Schweigend. Als die Flasche leer war, erhob sich Benotts, er hätte eine Bitte. „Gebt Ihr es zu, dass ich Euch auf die Stirne küsse?" Stifter ließ es zu. Die lange Pilgerfahrt von Amsterdam „nach dem fernen Österreich auf geradem Wege hin und auf geradem Wege zurück, ohne Aufenthalt" habe er ohne anderen Zweck unternommen, als den, Stifter seinen großen Dank anzuzeigen, schrieb Benotts später an den großen österreichischen Dichter. „Adalbert Stifter! Segne Sie der Himmel für alle Wohltat, die Sie durch Ihre Dichtungen den Menschen erwiesen haben und erweisen werden.

Amsterdam, 4. Mai 186.... John Benotts"

DIE GROSSE CHANCE DER KLEINHEIT

Lebensmittel, wie man sie von früher kennt

V ielfalt", sagt Herr Bauernfeind, der junge Land- und Gastwirt des Köglerhofs, „gibt es nur in der Kleinheit. Sonst muss man standardisieren." Genau das wollte er vermeiden, als er und seine Frau 1996 einen altehrwürdigen Bauernhof übernahmen. Nunmehr verkaufen sie an die Gäste des Mostheurigen, was sie aus Obst, Weidelämmern, Gänsen, Ochsen oder Hühnern auf den Wiesen und Äckern rundum biologisch produzieren. „Produkte, die wir zukaufen, stammen vorwiegend aus dem Mühlviertel und aus biologischer Land-wirtschaft." Das Konzept ist so visionär wie bestechend. Die geringe Distanz von der Produktion bis zum Verzehr erlaubt es, beim Essen auf das Futtergetreidefeld zu schauen.

Geschmorte Lammstelzen
mit Fenchel-Karottengemüse
Dieses Rezept finden Sie auf der Seite 52

„Wir möchten Lebensmittel anbieten, die ihren Namen ver-dienen und so sind, wie man sie von früher kennt." Von Don-nerstag bis Samstag ist der Heurige geöffnet. An den anderen Tagen wird produziert, denn „wir sehen Gastronomie nicht getrennt von der Landwirtschaft."

Von der Terrasse mit grandioser Aussicht über das Donautal kann man auch die Schafe weiden sehen und auf den Streu-obstbäumen das Wachsen der Frucht von der Blüte bis zur Ernte beobachten. Daraus entstehen biologische Säfte und ex-zellente Moste, für die es bereits Goldmedaillen gab. „Bei den Mosten besinnen wir uns sehr auf die Tradition. Moderne, fruchtige sind für unsere Speisen zu zart. Charaktervolle, kräf-tige, die auch mit anderen Aromen harmonieren und durch sie durchdringen, gären in unserem Keller. Jedes Produkt soll für sich erlebbar sein."

Zwischen Tradition und Moderne schwingt die Architektur des Ensembles um den alten Vierkanthof, der um einen mo-dernen, puristischen Gastronomiebereich ergänzt wurde. Größ-ten Wert legen die Bauernfeinds auf Tischkultur, ohne dabei jedoch an Authentizität einzubüßen. Nach Büroschluss zieht es daher viele Linzer hierher, die sich im Anzug ebenso wohl fühlen wie in Jeans. Der nur auf den ersten Blick schlichte Gastraum passt sich jedem Anlass an und gibt den idealen Rahmen für Feiern aller Art. „Ein Schubert-Streichquintett bricht den Stil ebenso wenig wie ein Abend mit Volksmusik oder mit DJs an den Turntables."

KÖGLERHOF
Familie Bauernfeind
Am Großamberg 7
A-4040 Gramastetten
Telefon 00 43 (0) 72 39 / 52 56
www.koeglerhof.at

WO ES FUNKT

Moderne Infrastruktur im historischen Gewölbe

Über zehn Jahre ist es her, seit Walter Hofer auf dem Gaisberg ein Netzwerk mit einem Funkinternet-Sender auf dem Dach seines Bauernhofs startete. Eine gelungene, wenn auch überraschende Kombination, ist doch der Vierkanthof unter Bewahrung traditioneller Bauteile umsichtig renoviert worden und ein Schmuckstück bäuerlicher Lebensweise geblieben. Die ältesten Teile, wie das Gewölbe, stammen aus dem 17. Jahrhundert. „Zum Glück haben meine Eltern die Modernisierungen der 50er-/60er-Jahre nicht mitgemacht", sagt er. An den Wochenenden steht er hinter der Schank des Nichtraucherlokals, schenkt Bier, Spezialbiere, österreichische Weine, regionale Moste und Fruchtsäfte aus. Der in den Barbereich integrierte Hofladen bietet viele dieser regionalen Delikatessen an.

Doris Rathmayr eröffnete 2009 die Hofschank und führt sie wie einen Mostheurigen, allerdings ohne Einschränkungen. Auch die beiden jüngeren der drei Kinder, Astrid und Manuel, helfen bereits mit. In der modernen Infrastruktur entstehen typische regionale Gerichte und Jausen so recht nach dem Herzen bodenständiger Genießer. Bratl in der Rein, Ripperl, überbackene Knödel oder die berühmten Kardinalschnitten, Bauernkrapfen und weitere Mehlspeisen sowie Hausbrot und Gebäck, welche auch für diverse Feste im Gewölbe bestellt werden können. Außer dem Speck ist alles hausgemacht. Die vorzugsweise biologischen Zutaten kommen aus der Gegend. Ihre Brettljause gibt es auch „to go", sie findet bei vielen privaten Festen Anklang.

Kardinalschnitte
Dieses Rezept finden Sie auf der Seite 52

Unter dem Vordach blickt man windgeschützt nachmittags auf die sonnenbeschienenen Hügel des Mühlviertels. Auf der Wiese und auf dem Spielplatz können sich derweil die Kinder austoben. Selbst Reisebusgruppen finden ausreichend Platz im Garten oder in den rustikal-schicken Gasträumen.

Funken sprühen an kalten Tagen, wenn das Feuer im Kamin brennt. So wie auch beim Peterl- und Wintersonnwendfeuer im Freien, die auf dem Hügel am Rand des Naturschutzgebietes Pesenbachtal stattfinden.

PETERLEHNER HOFSCHANK AM GOASBERG
Walter Hofer & Doris Rathmayr
Gaisberg 5, A-4175 Herzogsdorf
Mobil 00 43 (0) 6 50 / 2 25 54 42
Telefon 00 43 (0) 72 32 / 27 90
www.peterlehner.at

ECHT ENGAGIERT

Was zu einem gesunden Lebensstil noch gehört

Beiriedschnitte vom Kirchschlager Gallowayrind,
Eierschwammerlgratin und Risotto von der Fetthenne
Dieses Rezept finden Sie auf der Seite 53

G enießen – sich erholen - feiern – weiterbilden. Im Zentrum von Kirchschlag, hoch droben über Linz, sorgt der alteingesessene Maurerwirt längst nicht mehr nur für kulinarisches Labsal, sondern bietet seinen Gästen quasi ein Rundumpaket für alle individuellen Bedürfnisse des Augenblicks.

Ob Heiratswillige ihren Jubeltag von A wie Aufgebot bis Z wie Zitherspieler vom Hochzeitsprofi organisieren lassen möchten, Alltagsflüchtlinge sich nach Gastfreundschaft sehnen, Wissensdurstige nach gut ausgestatteten, modernen Seminarräumen lechzen oder die „Generation Facebook" so ganz gegen den Mainstream nach einem eigenen Jugend-Stammtisch und ausgefallenen, hochwertigen Burgern sucht – hier werden sie alle fündig. „Unter einem gesunden Lebensstil verstehe ich auch das gute Zusammenleben miteinander, vor allem auch unter den Generationen. Das ist die soziale Ader, die ich habe", sagt Günter Maurer, der den Gasthof seit rund zwanzig Jahren führt.

Seine Speisekarte ist abwechslungsreich, saisonal und ernährungsbewusst geprägt und verlässt sich vor allem auf regionale Produkte. So stellt eine Mühlviertler Brauerei exklusiv mit ausschließlich Mühlviertler Produkten das Hausbier des Maurerwirts her. Fleisch, Lamm und Wildhendl stammen, wie die meisten Zutaten, die sonst noch in den Töpfen der Köche landen, aus der Nachbarschaft. „Wir kochen viel mit Bio-Lebensmitteln und achten auf kurze Transportwege." Von bodenständig bis originell, von der ehrlichen Wirtshausküche mit Spezialitäten wie Kirchschlager Berglamm bis zum Schlemmerabend beim Wikingermahl reicht das Angebot, das in den gemütlichen Stuben oder im schattigen Gastgarten serviert wird.

Das typische Dorfwirtshaus mit den ungewöhnlichen Akzenten ist aber noch mehr: Hotelgäste können ins Vitaldorf mit Wellnesseinrichtungen spazieren und in einem großen Freizeitareal den Prinzipalen der Freizeit – Sport, Spiel und Spaß – die Aufwartung machen. Auch als Seminarhotel wird das Angebot häufig und gerne genutzt. Über allem nämlich steht das Motto des Kulti-Wirts: „Leb' g'sund."

GASTHOF HOTEL MAURERWIRT
Günter Maurer
Kirchschlag 46, A-4202 Hellmonsödt
Telefon 00 43 (0) 72 15 / 26 63
www.maurerwirt.at

DAS BIOHOFCAFÉ AM LAMAHOF

Für Abenteurer und Genießer

Dort, wo die südamerikanischen Lamas sich willig Lasten der Trekkingtouristen auf die zotteligen Rücken laden lassen, kann man an klaren Tagen sogar bis Bayern sehen. Einmal in Gang gekommen, trotten die Tiere Maria oder Franz Weixlbaumer hinterher, den Gast- und Landwirten, die Trekkingtouren führen, Fragen beantworten und fachkundig die Besonderheiten der Gegend erläutern. Unbeschwerte Wanderer folgen ihnen durch die Mühlviertler Natur.

Manche Pfade führen am Tipidorf vorbei, das mit Lagerfeuerromantik nicht nur Kinder begeistert, wenn sie am offenen Feuer Stockbrot backen lernen, Würstel selbst grillen und danach noch auf dem Teich eine Floßfahrt unternehmen. Der Lamazuchtbetrieb bietet aber noch mehr, und das nicht nur den Hausgästen aus aller Welt. Vier „Urlaub-am-Bauernhof"-Blumen schmücken modern ausgestattete Appartements mit insgesamt zwölf Betten.

Im Biohofcafé knistert an kalten Tagen das Holzfeuer. Für dieses helle, freundliche Kaffeehaus wurde ein Stall des ehemaligen Milchbauernhofs adaptiert. Im Sommer serviert Maria auch im Gastgarten beim Seerosenteich den Fair-Trade-Kaffee, hausgemachte bäuerliche Mehlspeisen, wie etwa Strudel, Obstkuchen, Krapfen oder Jausen. Diese bestehen ausschließlich aus Bioprodukten, die meist aus der Region und – wie der Speck – aus eigener Erzeugung stammen.

Nicht nur Ausflügler, Urlauber oder Gäste einer Privat- oder Firmenfeier erfreuen sich an den bodenständigen Genüssen, am Schwimmteich und den zahlreichen Aktivitäten. Auch für Seminare und Tagungen ist der Lamahof mit technischen Gerätschaften gerüstet.

Wer hier, auf 800 Meter Seehöhe, abends den Wunsch nach kuschligen Decken aus Lamawolle verspürt, kann sie im Hofladen nach Maß bestellen. Neben hausgemachten Fruchtsäften, Marmeladen, Bio- oder Wildkräutern findet man darüber hinaus in Marias Regalen noch viele Produkte aus der Region.

Der Hofladen hat übrigens immer geöffnet. Wenn jemand zu Hause ist. „Man muss nur läuten", sagt sie. Und das sollte man wirklich einmal tun.

Schneiderfleck
Dieses Rezept finden Sie auf der Seite 54

LAMAHOF
Maria & Franz Weixlbaumer
Pointnerstraße 22, A-4201 Eidenberg
Telefon 00 43 (0) 72 39 / 52 12
www.weixlbaumer.net

KLEINOD INMITTEN DER NATUR

Romantik mit Rundumblick

Waren Sie schon einmal auf einer Alm und ließen auf der Terrasse in Loungemöbeln den Blick vom alten, original Tiroler Bauernhaus über sanfte Hügel zur untergehenden Sonne schweifen? Genossen Almsekt beim Duft der frischen Heumahd und bereiteten sich seelisch auf ein dreigängiges Menü vor, sorgfältig zubereitet, aus regionalen Produkten gewachsen, erzeugt und veredelt von den umliegenden Bauern? Auf der Eidenberger Alm im Mühlviertel geht das.

Sie könnten den Tag am hauseigenen Swimmingpool verbracht haben. Oder Sie haben sich bei einem Seminar in einem der dafür bestens ausgestatteten Räume Tipps und Anregungen für Beruf oder Leben geholt, am nahegelegenen Green Golfbälle eingelocht, eine Geburtstagstorte angeschnitten, vielleicht, ja, vielleicht warten Sie nun ungeduldig auf den Menschen Ihres Herzens. In einem der sechzehn Gästezimmer könnte das Dinner for two mit Blick in den Sternenhimmel ausklingen. Oder die Hochzeitsfeier, weil Festlichkeiten jeder Art hier den passenden Rahmen finden.

Nicht von ungefähr ist das Herz Symbol und Logo der Eidenberger Alm, deren Geschichte seit 1620 verbrieft ist und die in achter Generation von Familie Schütz bewirtschaftet wird. Johann und seine Frau Monika übernahmen 1993 einen bereits von Johanns Eltern gut eingeführten Gastbetrieb. Mit viel Gespür für Tradition und Gemütlichkeit renovierten sie die guten Stuben, bauten aus und um und können so heute die Ansprüche der Gäste in einer Atmosphäre voll Originalität und natürlichem Charme erfüllen. „Vom Augenaufschlag des Frühlings bis zum Tanz der Schneeflocken", heißt Familie Schütz mit dem Team Besucher willkommen. Sie erfüllen individuelle Wünsche, helfen beim Entdecken magischer Plätze, zeigen, wo es zum Gymnastikweg geht, sättigen Tagesausflügler, lassen Seniorengruppen Schmankerl verkosten.

Für Sie stöbern sie auch in alten, handgeschriebenen Familienkochbüchern nach einem ungewöhnlichen Rezept, um Ihrer Veranstaltung auch kulinarisch die passenden Akzente zu verleihen. Bis zum Sonnenaufgang.

Buchteln
Dieses Rezept finden Sie auf der Seite 54

GASTHOF PENSION EIDENBERGER ALM
Familie Schütz
Almstraße 5, A-4201 Eidenberg
Telefon 00 43 (0) 72 39 / 50 50
www.eidenberger-alm.at

FRISCH, SAFTIG, EHRLICH

Alles fürs tägliche Leben direkt vom Bauern

Läden wie der von Silvia und Martin Schurm im Priewagnerhof sind momentan selbst in ländlichen Gegenden noch recht selten zu finden. Wenngleich immer mehr Verbraucher hohe Qualität, regionale Produkte und persönliches Engagement zu schätzen wissen.

Die Verkaufsfläche im stadtnahen Ausflugs- und Erholungsort Lichtenberg am Fuße der Gis ist nicht groß, aber das Angebot an Eigenprodukten sowie an ausgesuchten Spezialitäten der Region ist überaus vielfältig.

Säfte, vor allem Apfel- und Birnensaft, hundertprozentig reine Fruchtsäfte ohne Zucker- oder Wasserzusatz, Marmeladen und Gelees stellen die Schurms selbst her. Auch Cider, den prickelnden Wegbegleiter in den Sommer, ein fruchtiger, spritziger Aperitif aus Apfel- oder Birnenmost. Oder Sirupe aus Johannisbeeren, Holunderblüten, Hollerbeeren, aus Gold- oder Zitronenmelisse und anderen Früchten, die alle von Hand geerntet werden.

Äpfel aber sind das Kernstück der eigenen Erzeugnisse. „Hier droben", sagt Martin Schurm, „weit über der Nebelgrenze, mit kälteren Nächten und sonnigen Herbsttagen, reifen sie prächtig und ohne Nebelflecken." Als Kellermeister veredelt er seine vollreif geernteten Früchte außer zu Mosten und feinen Edelbrand-Destillaten noch zu intensiv-würzigen oder prägnant-fruchtigen Fruchtgeisten. Oder zu Likören, deren lebendiger Charakter der Verbindung der Sonne mit dem angewandten Know-how der Edeldestillerie entspringt.

Silvia Schurm rührt Marmeladen von Hand, hachelt, ebenfalls händisch, superdünne knackige Apfelchips und mixt klassische sowie ungewöhnliche Geleekombinationen, wie das pfeffrige Mostgelee. Neuerdings gehören auch Essige zum Sortiment mit den originellen Geschenkideen. Ausgezeichnet von „Gutes vom Bauernhof" versteht sich der GUUTE-Betrieb, der auch auf Bauernmärkten, in Hofläden und Spezialitätenregalen von Supermärkten sowie in der Gastronomie präsent ist, als kompletter Hofladen. „Die Kunden können bei uns sämtliche landwirtschaftlichen Produkte fürs tägliche Leben direkt vom Bauern erwerben."

SCHURM'S HOFLADEN
Silvia & Martin Schurm
Wipflerbergstraße 40, A-4040 Lichtenberg
Telefon 00 43 (0) 72 39 / 2 03 50
www.schurms.at

ECHT HOCHPROZENTIG

Der lange Weg zum Genuss

Feines Mostsektsupperl
mit gebratenen Specknockerln
Dieses Rezept finden Sie auf der Seite 55

N ach dem Klauben des Streuobsts bringt Familie Schneider die Äpfel, Birnen und Zwetschken, darunter Raritäten wie Speckbirne und Bohnapfel, mit dem Traktor ein. Das vollreife Obst muss von bester Qualität sein, um nach dem Waschen und Entstielen rasch zu Mus gemahlen zu werden. Daraus entstehen im kupfernen Brennkessel flüssige Gaumenkitzel. Wenn es Most oder die Spezialität des Hauses, Obstfrizzante, werden soll, wird das Mus zu Saft gepresst.

In den Maischebehälter gefüllt, hilft ihm Hefe zur Brennreife zu gären. Nach zwei bis drei Wochen beginnt dann für Großvater Hemmelmayr der Tag auf dem Erbhof, der seit Jahrhunderten in Familienbesitz ist, nach dem Frühstück mit dem Gang in den Brennraum. Dort füllt er Holz in den Kessel um den Raubrand einzuleiten. Stundenlang heizt und beobachtet er, wie die Flüssigkeit zu einem 20- bis 30-prozentigen Alkohol destilliert. Kommt dann Schwiegersohn Georg Schneider abends von seiner Arbeit nach Hause, kann er den Feinbrand in Angriff nehmen. Er braucht dafür viel Geduld, denn der wichtigste Schritt des Schnapsbrennens muss sehr langsam erfolgen. Das Ergebnis enthält etwa 80% Alkohol und lagert dann mindestens ein Jahr, meist allerdings wesentlich länger, um den vollen Geschmack zu entfalten. Nach diesem Reifungsprozess verdünnt der ausgebildete Edelbrandsommelier es mit Wasser aus der eigenen Quelle auf Trinkstärke, bevor er es in Flaschen abfüllt. Sohn Wolfgang profitierte von der langen Erfahrung des Vaters bei seiner eigenen Edelbrandsommelier-Ausbildung.

Drei Generationen leben am Waldrand unter dem Dach des schön sanierten Hofs inmitten von Streuobstwiesen und tragen zur Gütererzeugung bei. Margareta Schneider ist für die Liköre zuständig. Nach Familienrezepten komponiert sie aus Äpfeln, Nüssen, Zitronen, Ribisel oder Weichseln feine Spezialitäten.

Heuer nahm das Holzbauerngut erstmals an der internationalen Destillata-Prämierung bester Spirituosen teil. Und was für ein Debut! Die Apfelcuvée wurde dort auf Anhieb zum „Edelbrand des Jahres 2012" gewählt.

HOLZBAUERNGUT
Georg und Margareta Schneider
Wipflerbergstraße 43, A-4040 Lichtenberg
Telefon 00 43 (0) 72 39 / 64 05
www.holzbauerngut.at

GUTE AUSSICHT AUF GAUDI

Die Immer-gut-drauf-Wirtin

E s begann mit einer schlichten Tafel neben dem Wanderweg: Jausenstation. „Seither ist das Stüberl voll", sagt Andrea Denkmair, eine Wirtin, die mit ihrem Witz und Engagement Team und Gäste mitreißen kann. „Ich war immer Bäuerin, bis mich Wanderer auf die Idee zum Panoramastüberl brachten. Heute haben wir ganzjährig geöffnet."

Den Namen trägt das Bauernhofcafé nicht zu Unrecht. Über den großen Gastgarten hinweg blickt man vom Zentralraum Linz bis zu den Alpen. Stammgäste genießen die herrliche Aussicht ebenso gern wie Busreisende oder Teilnehmer von Firmenfeiern und Familienfesten. „Platz habe ich sogar für zwei Busse." Das behindertengerecht ausgestattete ehemalige Auszughäusel vis-à-vis dem familieneigenen Steinbloßbauernhof bietet neben Jausen und Mehlspeisen auch hausgemachte, täglich frisch gekochte, einfache Gerichte an. „Wichtig ist mir, dass die Gäste wissen, woher die Grundprodukte kommen. Ich greife dabei bevorzugt auf die örtlichen Direktvermarkter zurück."

Wer mit Familie oder Firmenkollegen in dem freundlichen Ambiente feiern möchte, kann sowohl Organisation als auch Verpflegung der Gastwirtin überlassen. Gemeinsam mit ihrem Team stellt sie nach Wunsch kaltes oder warmes rustikales Buffet, Menüs oder gemischte Rein bereit.

Panoramastüberl-Hüttenspätzle
Dieses Rezept finden Sie auf der Seite 55

Das Preis- Leistungsverhältnis stimmt nach wie vor. „So war es von Anfang an und die Leute kamen wieder. Genau das ist mir so wichtig." Viele treffen sich regelmäßig am Sonntag beim Mittagsbuffet. Da gibt es zum Beispiel selbstgemachte Speckknödel oder Bratl. Die hausgemachten Mehlspeisen wie Kardinalschnitte, Panorama- oder Malakofftorte bestehen vorwiegend aus Vollwertzutaten. Auch Zitronenmelissensirup und Most stammen aus eigener Erzeugung.

Im Winter trösten die urige Atmosphäre der kamingeheizten Gaststube und das Dachstüberl über die sich zierende Sonne hinweg. Nur eines bleibt immer gleich: „Wir haben eine Gaudi." Und der Gast spürt das. „Das Immer-gut-drauf-sein liegt mir", sagt die Chefin lachend. „So bin ich."

PANORAMASTÜBERL
JAUSENSTATION UND BAUERNHOFCAFÉ
Andrea Denkmair
Osbergerweg 4, A-4040 Lichtenberg
Telefon 00 43 (0) 6 50 / 3 44 84 62
www.panoramastueberl-lichtenberg.at

ALLERLEI EI

Musterhaft

Es ist eine Geschichte immer wieder geglückten Neubeginnens und Umstellens. 1638, als das Gut erstmals erwähnt wird, war hier wohl bereits einer der typischen Grünland-Bauernhöfe des Mühlviertels und blieb das trotz Brand, Krieg und Wirtschaftskrise im Wesentlichen bis 1996, als Gertrude und Johann Leitner den elterlichen Betrieb übernahmen. Seit jener ersten Erwähnung wurde der Hof immer an die gleiche Familienlinie vererbt. Gab es in der zweiten Hälfte des 20. Jahrhunderts auch noch Schweine und Kühe am Erbhof, begann Familie Leitner in den 1980er-Jahren Eier direkt zu vermarkten.

Heute sorgen in dem renommierten Musterbetrieb über 3000 Freilandhühner und fast 6000 Hühner in Bodenhaltung dafür, dass in Linz und Umgebung nicht nur viele Spitzengastronomen und Privathaushalte, sondern auch Schulen, Seniorenheime, Bäckereien und Konditoreien frische Eier in die Schüsseln schlagen können. Der weitum bekannte Fachbetrieb, dessen vielfach ausgezeichnete Produkte verschiedene Gütesiegel tragen, kann bei Führungen kennengelernt werden.

Für Kunden, die gerne direkt beim Bauern kaufen, hält der Hofladen sieben Tage die Woche offen. Im kleinen Reich Gertrude Leitners finden sie neben frischen Eiern und feinsten Leitner-Ei Nudeln in allen möglichen Farben und Formen und auch mit Dinkelmehl, noch regionale Schmankerl wie Wurst und Speck vom Hof ihres Bruders. Besonderes Geschick beweist die Chefin bei der Zusammenstellung von Geschenkideen. Nicht nur als Körbe und Pakete, sondern sogar als Nudelsträuße lassen sich ihre Köstlichkeiten überreichen. Edelbrände und Liköre, Mühlviertler Bergkräuter und hausgemachte Marmelade finden sich, nach Kundenwunsch zusammengestellt, auch in der „Guten Leitner-Box", die ein beliebtes Firmengeschenk ist.

Während Johann Leitner sich als Vollerwerbsbauer um technische Belange und um seine Felder und Wälder kümmert, wächst die 17. Generation des Erbhofs heran. Gregor und Stefanie besuchen bereits einschlägige Fachschulen. Sonst würden ja die Hühner lachen!

LEITNER EI
Johann & Gertrude Leitner
Gramastettner Straße 10, A-4040 Lichtenberg
Telefon 00 43 (0) 72 39 / 63 17
www.leitner-ei.at

DIE PFLICHT ZU BRENNEN

Kostbares Recht in guten Händen

Wenn der Kottner Hof nicht einmal im Jahr brennt, verliert er. Auf dem Gut ruht nämlich das kostbare Maria-Theresien-Brennrecht, das nur „rechtschaffenen, fleißigen und ordentlichen" Bauern verliehen wurde. Es gehört seit dem 18. Jahrhundert zum Besitz und erlaubt die Erzeugung von Alkohol unter der sogenannten „Abfindungsbrennerei", wobei nur Obst und Getreide aus der eigenen Landwirtschaft verarbeitet werden dürfen.

Die Erzeugung von Schnäpsen und Bränden durch die Familie Hackl ist seit den Lebzeiten der großen österreichischen Kaiserin verbrieft. „Viel Geschichte und Kultur ist damit verbunden", sagt Manfred Hackl, der den Familienbetrieb heute gemeinsam mit Partnerin Elisabeth Wiesmayr und seinen Eltern führt. „Eine Kultur, die wir erhalten und an unsere Kinder weitergeben möchten", fügt Elisabeth an. Das kostbare Recht verfällt jedoch unwiederbringlich, wenn nicht mindestens einmal im Jahr davon Gebrauch gemacht wird.

Manfred Hackl macht davon Gebrauch. Im Herbst schüttelt er sonnengereifte Zwetschken, Äpfel und Birnen aus den Kronen seiner Streuobstbäume. „Wir maischen sie dann nach unserer eigenen, traditionellen Art." Das Wissen um die Zubereitung wird von Generation zu Generation in der Familie weitergegeben. Nur so viel verrät der Edelbrenner: „Wir destillieren in einem einzigen Durchgang, denn bei der Kolonnenbrennerei kann ich auf spezielle Sorten besser eingehen."

Mit Weichseln, Holler und Nüssen setzt Elisabeth Liköre an. Ihr Kornelkirschenlikör gilt als perfekter Abschluss eines Menüs. Aber auch Getreide und Hafer, ebenfalls ausschließlich aus eigener Produktion, veredelt der Kottner-Hof und kultiviert noch eine alte, sehr seltene Getreidesorte aus dem Mühlviertel, die einen äußerst intensiven Getreidegeschmack ergibt. Für eine weitere Rarität, den Haferedelbrand, erhielt der Betrieb bereits mehrere Auszeichnungen. Nicht nur mit seinem intensiv-strohigen Geschmack, sondern auch mit einer ungewöhnlichen Gaumensensation begeistert er. „Im Nachgeschmack sticht er ein bisschen", sagt Elisabeth. „So, wie eben der Hafer sticht."

EDELBRÄNDE HACKL
Familie Hackl
Dürnberg 13, A-4100 Ottensheim
Telefon 00 43 (0) 72 34 / 8 42 40

TRADITION TRIFFT MODERNE

Augenweide, Gaumenfreude

Alles ist auf den Blick ausgerichtet. Die Terrasse und das im traditionellen Stil neu gestaltete Gastzimmer versetzen den Betrachter beim Blick auf die Ruine Waxenburg rasch in die Zeit des Rittertums. Zwischen Buchen und Linden wachsen auf dem Berg gegenüber zwei mächtige Türme aus dem Boden, die das Ausmaß der alten Burganlage erahnen lassen. Die Aussichtswarte ist in zehn Minuten erreichbar und begeistert auch Kinder.

Die Glaswände der modern ausgestatteten Seminarräume der Hoftaverne Atzmüller hingegen machen Wissensdurstigen einen Perspektivwechsel einfach, indem sie ihre Augen über die Weiten des Mühlviertels mit seinen Hügeln und Feldern schweifen lassen können, bevor sie sich wieder Leinwand, TV-Schirm oder Flipchart zuwenden.

Auch auf den Balkonen der 32 sonnigen Gästezimmer ist man der bezaubernden Landschaft nahe. Wer sich entspannen möchte, vielleicht weil er oder sie sich im nur fünf Minuten entfernten Golfplatz Sterngartl oder beim Wandern oder Langlaufen verausgabt hat, nützt den hauseigenen Wellnessbereich mit Saunaoase und Dampfbad. Selbstredend bietet auch der Ruheraum ein Fenster in die Natur – und in die Geschichte.

Wanderausflügler stärken sich gerne auch auf der Terrasse mit einer Jause, Leberschädel oder anderen saisonalen Speisen aus den Händen der Chefin Frau Atzmüller, deren Familie diesen Gasthof seit einem Jahrhundert führt. Service und Organisation im Haus übernimmt der Chef. Über die traditionelle österreichische Küche, vornehmlich mit Produkten aus der Region, freuen sich auch Familien. Wildliebhaber schätzen die Ernten aus dem Waxenberger Forst. Seminarteilnehmer können bei einem ausgesuchten Menü oder bei kleinen Schmankerln in stilvollem Ambiente weiterdiskutieren, und wer einen Grund zum Feiern hat, lässt im Wintergarten, im Kaminstüberl oder im stimmungsvollen Winkerl die Korken knallen.

Leberschädel mit Braterdäpfeln und
warmem Krautsalat
Dieses Rezept finden Sie auf der Seite 56

LANDHOTEL HOFTAVERNE ATZMÜLLER
Doris Atzmüller und Roland Finner
Waxenberg 9, A-4182 Waxenberg
Telefon 00 43 (0) 72 17 / 60 80
www.hoftaverne-atzmueller.at

EINGEFLEISCHTER VORREITER

Was es mit dem Mozartrind auf sich hat

Gekochtes vom Mozartrind
Dieses Rezept finden Sie auf der Seite 57

Wer heute durch das Mühlviertel wandert, muss sich nicht wundern, wenn aus so manchem Rinderstall Musik von Mozart dringt. Es handelt sich dann mit ziemlicher Sicherheit um einen Bauern, der „Riepls Rinder" hält. „Mozarts Sonaten machen Rinder ruhiger, das Fleisch saftiger", sagt Anton Riepl, der das Projekt von der Hochschule für Bodenkultur in Wien und den Tierschützern von Vier Pfoten begleiten ließ.

Schon früh lernte er, die Qualität des Fleisches am Aussehen der Rinder zu erkennen. „Seit meinem zehnten Lebensjahr kaufe ich Rinder. Mein Vater schickte mich damals bereits allein auf Tour." Jene Tage legten wohl den Grundstein für sein berühmtes Mozartrind, denn ihm fielen damals Radios in den Ställen auf. „Die Bauern erzählten mir, dass die Kühe mehr Milch geben, wenn sie Musik hören." Später las er über die wohltuende Wirkung von Mozarts Musik auf die menschliche Psyche und kam zu dem Schluss: „Was unseren fünf Sinnen gut tut, erhöht auch das Wohlbefinden der Tiere." Im nächsten Schritt half er den Bauern, die Ställe zu beschallen.

Ob seines Ideenreichtums und Erfahrungsschatzes kann seine Firma sich über viele Auszeichnungen, darunter sogar das International Food-Standard Zertifikat, freuen. Aber was macht darüber hinaus den Erfolg eines Unternehmers aus, der sich „entschied, klein zu bleiben, weil er beschloss, der Größte zu werden"? Als erste Fleischmanufaktur wurde der Betrieb von Anton Riepl auf Nachhaltigkeit geprüft. Der Bericht zeigt eindrucksvoll die Ergebnisse des Bemühens um fairen Handel, Umweltbewusstsein und soziales Engagement. „Qualität", sagt Anton Riepl, „ist nur dann gegeben, wenn von Anfang an alles stimmt."

Darum besucht er nach wie vor persönlich die Bauern der Region und wählt dann die sorgsamsten zu seinen Lieferanten. Artgerechte Haltung unter gesunden Lebensbedingungen, kurze Wege, ideale klimatische und geografische Bedingungen auf den Weiden des Mühlviertler Hügellands ergeben ein Rindfleisch, wie er es sich für seine herausragenden Fleisch- und Wurstwaren wünscht.

ANTON RIEPL FLEISCHMANUFAKTUR
*Anton Riepl Straße 6, A-4210 Gallneukirchen
Telefon 00 43 (0) 72 35 / 6 60 22
www.antonriepl.at*

TUMMELPLATZ DES WOHLLEBENS

Elegant und rustikal zugleich

Jeden ersten Donnerstag im Monat geht hier richtig die Post ab. Da ist im Gasthof Post der offene Musikantenstammtisch zum Mitmachen. Der Tanz ist dann im Stüberl, das mit heimischen Hölzern vom Boden bis zur Decke typisch Mühlviertler Behaglichkeit ausstrahlt.

Feste feiern und Vorträge hören kann man im Stüberl anderntags ebenso wie im großzügigen Kaminzimmer, in dessen Mauern sich über zwei Etagen modernste Seminartechnik versteckt. Für alle Fälle. Denn eigentlich ist dies der perfekte Ort, um zu entspannen, gediegen zu speisen oder einfach nur die Seele baumeln zu lassen. Nicht einmal auf die Zigarre, die Pfeife oder die Zigarette brauchen Genießer am offenen Feuer zu verzichten und können darauf auch gleich mit Österreichs besten Bränden anstoßen.

Elegant speist man im modernen Ambiente des Restaurants auf hellen Ledermöbeln. Wahlweise kann man dabei den Blick auf moderne Kunstwerke, auf die wohlbestückte Vinothek, die als Raumteiler zum Barbereich fungiert, oder über die Terrasse ins Grüne richten. Zu sehen gibt es hier auch an nebligen Herbsttagen sehr viel, denn Hellmonsödt liegt über der Nebelgrenze.

Vom Stammtisch aus kann man auch dem Küchenteam zusehen. Mit seiner feinen Landhausküche schafft es mühelos den Spagat zwischen Bodenständigkeit und gehobener Kulinarik, nicht nur zu den verschiedenen Schwerpunktwochen, wenn Spargel gestochen oder Wild aus den heimischen Revieren geliefert wird, wenn die Pilze reif und die Mühlviertler Weidegansel und Bauernenten drall sind. Lustvoll verarbeitet das Team Tag für Tag die besten Öle und Essige auch für die wohlfeilen Mittagsmenüs oder die Backhenderl, das Beuschl, den Tafelspitz, die Heidelbeerdalken und den Apfelstrudel. Hier ist der Tummelplatz für Menschen, die Wohlleben und gepflegte Lässigkeit schätzen, ob Student oder pensionierte Hofrätin, Sportlerin oder Bankdirektor, Arbeiter oder Geschäftsfrau.

Irgendwann möchten die Sinne ausruhen. In ruhigen Landhauszimmern und Suiten des Gasthofs finden sie komfortabel Schlaf.

Geschmortes Kalbsschulterscherzl und Stierwangerl
Dieses Rezept finden Sie auf der Seite 57

GASTHOF POST
Ulrike Schachermayer
Marktplatz 5, A-4202 Hellmonsödt
Telefon 00 43 (0) 72 15 / 22 50
www.gasthofpo.st

GESCHROTET UND GELÄUTERT

Warum manche Biere mehr Geschmack haben

Wie in eine andere Welt fühlt man sich versetzt, wenn man, vorbei an Schrotmühle und Läuterbottich, im alten Sudhaus zu den Kesseln steigt, in denen die Spezialbiere gebraut werden. „Der Geschmack wird durch die alte Technik stark geprägt, wir werden sie daher am Leben erhalten", sagt Peter Krammer, Braumeister und in fünfter Familiengeneration Inhaber der kleinen, feinen Brauerei Hofstetten. Obwohl man davon ausgehen kann, dass schon ab 1229 in der Gaststätte an der Salzstraße Bier gebraut wurde, ist der Braubetrieb „erst" ab 1449 verbrieft.

Reisenden auf den Spuren des leiblichen Wohls ist eine Führung durch eine der ältesten Brauereien Österreichs unbedingt zu empfehlen. Peter Krammer kennt alle Geheimnisse des mystischen Gerstensafts und entlockt ihm immer neue Geschmacksfacetten. Zu seinen Kreativbieren gehören Kürbisbier, Honigbock- oder Honigbier, nach einem Rezept von 1860 oder, eines der Highlights, der Granitbock, der in alten Steintrögen vergoren und mit glühend heißen Granitwürfeln „karamellisiert" wird.

„Immer weniger unserer Biere werden filtriert", so der diplomierte Biersommelier. „Darum haben sie mehr Geschmack." Wie das berühmte Kübelbier beweist. Und so ist die Brauerei Hofstetten, deren hofeigene Brunnen das Wasser liefern, zum Teil schon ziemlich weit entfernt von dem, was sonst in Österreich angeboten wird.

Zwar exportiert Hofstetten bis nach Amerika, doch „uns ist vor allem wichtig, den engsten Umkreis mit klassischem, gutem, hellem Bier zu versorgen." Die zahlreichen Fans der edlen Biere machen darum den Rampenverkauf zu einer der Hauptvertriebsquellen. Eigens für Bierkundige stellt Sabine Krammer dort auch originelle Geschenkkörbe zusammen.

Der Trend zu handwerklicher Bierproduktion, in Amerika bereits etabliert, fasst auch hier langsam Fuß. „Wir möchten Genießer ansprechen, die auf der Suche nach neuen Ufern sind und über den Horizont des Weins hinausblicken möchten."

Das Mühlviertel besitzt mit dem abgeschieden gelegenen Hofstetten ein echt bieriges Kleinod.

BRAUEREI HOFSTETTEN
Peter Krammer
Adsdorf 5, A-4113 St. Martin
Telefon 00 43 (0) 72 32 / 2 20 40
www.hofstetten.at

TREFFPUNKT DER GESELLIGKEIT

Im Zentrum des Schmankerldorfs

Saiblingsfilets in der Buchweizenhülle
mit zweierlei Paprikasaucen
Dieses Rezept finden Sie auf der Seite 58

Die Dame verlangt vor dem Verlassen des Braugasthofs Mascher den Küchenchef zu sprechen. Mit einer leichten Verbeugung eilt die Servierkraft vom Tisch beim Kachelofen in die Küche hinter der Schank. An der füllt Wirt Willi Mascher gerade glasklaren Edelbrand in kleine Stamperln. Vis à vis dem Ofen mit den handgemachten Kacheln feiert eine kleine Runde Geburtstag und der Wirt verteilt seine Überraschung reihum, gratuliert, und stößt auf den Jubilar an. Man feiert fröhlich, aber nicht ausgelassen, in der urig-gemütlichen Stube des traditionsreichen Gasthofs, der seit 1842 im Besitz der Familie Mascher ist.

In der Zwischenzeit ist Greti Mascher aus der Küche geeilt. „Sind Sie die Küchenchefin?" möchte die Dame wissen. Ja, erwidert Greti Mascher in ihrer blütenweißen Schürze, die sei sie. „Ich hatte die Mangocurryschaumsuppe. Dafür habe ich nur ein Wort", die Dame macht mit Daumen und Zeigefinger einen Ring, die Geste höchsten Lobes. „Superlative. Wie machen Sie das?"

Greti Mascher, die hier seit 1992 kocht, würzt ihre bodenständige Hausmannskost aus marktfrischen Produkten mit einer kräftigen Prise Fantasie und Originalität und streut ganz gern auch einmal einige Körner Internationalität ein. „Highlights in meinem Beruf sind für mich, wenn ich, begleitet von meinem tollen Küchenteam, neue Rezepte kreiere und sie verfeinere, bis es passt." Es muss aber nicht nur schmecken, voll Leidenschaft richtet sie die Teller auch gerne schön an. „Das Auge isst mit", sagt sie.

Im geräumigen Braugasthof sollen Essen und Trinken mehr sein als nur das Befriedigen von Hunger und Durst. „Es sollte im Idealfall ein Erlebnis sein", sagt Willi Mascher. 1999 baute er das Haus zu einem modernen Gastronomiebetrieb mit Spielplatz, Spielecke, Tischtennistisch, eigenem Fischteich und einem schattigen Gastgarten mit urigem Flair um. Der Braugasthof Mascher mit seinen Spezialitätenwochen ist im Zentrum des Schmankerldorfs Vorderweißenbach der Treffpunkt für Gäste, die das Besondere schätzen.

BRAUGASTHOF MASCHER
Familie Mascher
Hauptstraße 4, A-4191 Vorderweißenbach
Telefon 00 43 (0) 72 19 / 70 20
www.braugasthof.at

GEHOBEN, ABER NICHT ABGEHOBEN

Genießerarrangements mit Haubenküche

Z wischen Donau und Böhmerwald flanierende Feinschmecker werden früher oder später hier landen. Denn der Gasthof Keplingerwirt ist eines der kulinarischen Aushängeschilder der Region, seit Erika Keplinger 1994 erstmals eine Haube erkochte, die sie seither nie wieder ablegte. Mit Raffinesse und Fantasie veredelt sie Zutaten aus regionalem Anbau und ortsnaher Aufzucht zu wahren Gourmetträumen. Ob herzhaft-bodenständig oder elegant-leicht, ihre innovativen Kreationen, zu denen auch schon Tochter Andrea beiträgt, reißen Gourmets und Restauranttester gleichermaßen hin.

Sie kombiniert gebratene Garnelen mit roten Rüben und Wasabischaum und deckt das rosa gebratene Mühlviertler Weidelamm mit einer Pestokruste zu. Aus Entenleber in Portweingelee macht sie einen Guglhupf, den sie von karamellisiertem Apfel begleiten lässt. Die dazu passenden Kreszenzen aus dem Weinkeller stammen von heimischen Spitzenwinzern und können sogar zu Winzerpreisen mit nach Hause genommen werden.

Welch ein Glück, dass der Keplingerwirt nicht nur über gemütliche Gaststuben und einen Festsaal für 150 Personen, sondern auch über komfortable Gästezimmer verfügt, um eines der mehrtägigen Genießerarrangements buchen zu können. Für Golfer gibt es Angebote, die neben Übernachtung, Golfer-Frühstück und Fünfgängemenü die Greenfees von gleich sechs nahen Partnerklubs beinhalten. Im Freien kann man auf der Terrasse speisen oder sich als Hausgast im Wohlfühlgarten unter Obstbäumen auf Liegen entspannen, vielleicht nach einem lehrreichen Tag im modern ausgestatteten großen Seminarraum. Der Familienbetrieb schafft – mit Heinz und Erika Keplinger an der Spitze, Sohn Heinz im Service, Andrea als Küchenleiterin und Birgit in der Organisation – die besten Voraussetzungen für einen gelungenen Aufenthalt, den man um kulturelle Ausflüge bereichern kann. Es sei denn, man liebt es rund ums Jahr ganz sportlich, denn auch im Winter ist mit Loipen, Eisstockbahnen und Anfänger-Skipisten in der Nähe für Abwechslung gesorgt.

LANDHOTEL KEPLINGERWIRT
Familie Keplinger
A-4172 St. Johann am Wimberg 14
Telefon 00 43 (0) 72 17 / 71 05
www.keplingerwirt.at

Mit Topfencreme überbackene Erdbeeren und Rhabarber
Dieses Rezept finden Sie auf der Seite 58

Stadtmarkt am Linzer Hauptplatz

REZEPTE

LAMMSTELZEN GESCHMORT MIT FENCHEL-KAROTTENGEMÜSE
Köglerhof, Seite 18

ZUTATEN
4 Bio-Lammstelzen, 5 Bio-Knoblauchzehen, 1 Handvoll Bio-Kräuter, 2 TL Bio-Rapsöl, 10 Bio-Schalotten, 1 kg Bio-Tomaten, 2 EL Bio-Tomatenmark, 500 ml Bio-Rotwein, Salz, Pfeffer

GEMÜSE
2 Bio-Fenchelknollen, 3 Bio-Karotten, 2 gelbe Bio-Karotten, 3 EL Butter

ZUBEREITUNG
Die Lammstelzen salzen und pfeffern. Knoblauch schälen. Die frischen Gartenkräuter, wie Rosmarin, Salbei, Thymian oder ähnliches waschen und hacken. In einer Pfanne das Öl erhitzen und die Stelzen, zusammen mit dem Knoblauch und den Kräutern beidseitig scharf anbraten. Danach das Ganze in einen Bräter geben. Schalotten schälen und würfeln. Tomaten grob würfeln. Im Bratenrückstand in der Pfanne die Schalotten anbraten, das Tomatenmark mitrösten und mit Rotwein ablöschen. Dann die grob gewürfelten Tomaten beigeben und das Ganze einige Minuten köcheln lassen.
Das Backrohr auf 150 °C vorheizen. Die Sauce aus der Pfanne zu den Stelzen im Bräter geben, im Rohr etwa zwei Stunden schmoren lassen.
Fenchel und Karotten waschen, die Karotten dünn schälen. Den Fenchel vierteln, die Karotten grob schneiden. In einem Topf reichlich Salzwasser zum Kochen bringen. Zuerst die Karotten, nach fünf Minuten dann den Fenchel hineingeben und weitere fünf Minuten kochen lassen. Abseihen, salzen, auf die Teller geben.
In einer kleinen Pfanne die Butter bräunen. Die zerlassene Butter dann über das Gemüse träufeln.
Perfekt passen dazu Braterdäpfel, die man schält, viertelt, mit Salz, Rosmarin und Knoblauch würzt und dann eine halbe Stunde vor Ende der Garzeit des Lammes in den Bräter gibt.

KARDINALSCHNITTE
Peterlehner Hofschank am Goasberg, Seite 20

ZUTATEN

BAISER
250 ml Eiklar, 250 g Zucker

BISKUITMASSE
3 Eier, 2–3 Dotter, 60 g Zucker, 60 g griffiges Mehl, 1 Messerspitze Backpulver

CREME
500 ml Schlagobers, 1 gehäufter EL Löskaffee (oder 1 Tasse kalten Espresso), 50 g Zucker, 6 Blatt Gelatine 5 EL Staubzucker

ZUBEREITUNG
Für das Baiser das Eiklar mit dem Zucker zu einem steifen Schnee schlagen und beiseite stellen.
Für die Biskuitmasse in einer Schüssel die drei Eier mit den Eidottern und dem Zucker schaumig schlagen. Das Mehl mit einer Messerspitze Backpulver vermengen und zu der Masse sieben. Nochmals schlagen, bis der Teig sehr schaumig ist.
Ein Backblech mit Backpapier belegen und dann mit einem Löffel oder dem Spritzsack der Länge nach jeweils 3 Bahnen des Baisers in die Zwischenräume Biskuitmasse auftragen. Backrohr auf 170 °C mit Heißluft vorheizen und bei dieser Hitze 11 Minuten backen, dann auf 150 °C zurückschalten und weitere 19 Minuten fertigbacken.
Für die Creme das Obers mit dem Löskaffee oder der Tasse Espresso und dem Zucker schaumig schlagen. Gelatine nach Anleitung auf der Verpackung vorbereiten, eventuell im Espresso auflösen, zur Creme rühren.
Teig aus dem Backrohr nehmen und die Schnitten in drei Teile teilen. Vorsichtig vom Papier lösen und für die Stöcke zurechtschneiden. Im Prinzip kann man so viele Stöcke bauen, wie man möchte. Zwischen die Stöcke kommt jeweils eine Lage Creme. Zum Schluss streut man Staubzucker darüber.

BEIRIEDSCHNITTE VOM KIRCHSCHLAGER GALLOWAYRIND, EIERSCHWAMMERLGRATIN UND RISOTTO VON DER FETTHENNE

Gasthof Hotel Maurerwirt, Seite 22

ZUTATEN

4 Beiriedschnitten vom Gallowayrind (mind. 14 Tage abgelagert) à 200 g, 500 g frische, geputzte Eierschwammerl, 100 g geriebener Gouda, 2 Eier, 125 ml Olivenöl, frische Kräuter, Salz, Pfeffer

RISOTTO

300 g Risottoreis, 250 ml Weißwein, 1 l Geflügelfond, 1 Zwiebel, 100 g Butter, Meersalz aus der Mühle, weißer Pfeffer aus der Mühle, 70 g Parmesan, 4 Zweige Fetthenne (Gartenkraut), 8 junge Karotten, 1 Zucchini

ZUBEREITUNG

Für das Risotto die Zwiebel feinwürfelig schneiden und in der Hälfte der Butter in einem größeren Topf glasig dünsten. Den Reis einrühren, ganz kurz anlaufen lassen und mit Weißwein ablöschen. Bei starker Hitze kräftig einkochen lassen. Dann erst unter stetigem Rühren den heißen Fond nach und nach zugießen. Dabei immer nur so viel zugießen, dass der Reis gerade bedeckt ist. Mit Salz und Pfeffer würzen und unter ständigem Rühren bei mittlerer Hitze 18 bis 20 Minuten al dente garen. Den Topf von der Kochstelle nehmen, den Parmesan frisch darüber reiben, die fein geschnittene Fetthenne einrühren und mit der restlichen Butter montieren (sämig rühren).

Tipp: Die Menge der zum Schluss eingerührten Butter hängt vom persönlichen Geschmack ab. Es gibt Risottoliebhaber, die das Einrühren der Butter gänzlich ablehnen, andere wiederum schätzen die mollig-cremige Konsistenz überaus.

Die Beiriedschnitten in der Pfanne mit wenig Olivenöl scharf anbraten und im vorgeheizten Rohr bei 90 °C Niedrigtemperatur etwa 20 Minuten garen.

Die geputzten Eierschwammerl in Olivenöl kurz anschwitzen, mit Käse, Eiern und frischen Kräutern vermengen und mit Salz und Pfeffer würzen. Beiried aus dem Ofen nehmen, mit dem Schwammerl-Käsegratin bestreichen und bei starker Oberhitze im Backrohr kurz zum Bräunen überbacken.

Karotten und Zucchini waschen, Karotten mit etwas Grün kurz blanchieren, Zucchini in Scheiben schneiden und in Olivenöl scharf anbraten. Beide Gemüse würzen und anrichten.

REZEPTE

SCHNEIDERFLECK
Lamahof, Seite 24

ZUTATEN
200 g Bio-Mehl, glatt, 3 Bio-Eidotter, 40 g Bio-Butter, Prise Bio-Salz, 1 EL Bio-Vanillezucker, 3-4 EL Bio-Sauerrahm, 3-4 EL Rum oder Bio-Wein, Fett zum Ausbacken, am besten ca. 1 kg Bio-Schweineschmalz, Bio-Frittierfett oder Butterschmalz, Bio-Staubzucker

ZUBEREITUNG
Das Mehl in eine Schüssel geben. Die Eier trennen, das Eiklar beiseite stellen, es wird nicht benötigt. Die Dotter in das Mehl geben. Die Butter sollte handwarm sein, wenn sie hinzugefügt wird. Danach eine Prise Salz, Vanillezucker, Sauerrahm und Rum oder Wein beifügen.
Alle Zutaten werden rasch zu einem Mürbteig geknetet, der Teig soll weder zu weich, noch zu fest sein, wenn man eine Kugel formt. Anschließend wird der Teig mit Frischhaltefolie abgedeckt und rastet 30 Minuten kühl, jedoch nicht im Kühlschrank, da er sich sonst schlechter verarbeiten lässt.
Eine Arbeitsfläche dünn mit Mehl bestauben und den Teig darauf circa zwei bis drei Millimeter dünn auswalken. Wenn der Teig zu dick ist, gehen die Flecken nicht richtig auf.
In einem mittelgroßen, aber hohen Topf das Fett zum Ausbacken auf hoher Stufe erhitzen.
Mit dem Teigrad den Teig in Dreiecke verschiedener Größe teilen. Zur Probe gibt man ein Dreieck in das heiße Fett, wenn es nicht mehr absinkt, hat das Fett die richtige Temperatur. Mit einem Schöpfer die schwimmenden Teigstücke immer wieder begießen, damit sie aufgehen. Ist die Unterseite goldbraun, das Stück wenden. Sind beide Seiten goldbraun, die Fleckerl auf Küchenpapier auskühlen lassen.

BUCHTELN
Gasthof Pension Eidenberger Alm, Seite 26

ZUTATEN FÜR 30 STÜCK
1 kg Mehl, 2 Dotter, 2 Eier, 3 EL Zucker, 1 TL Salz, 2 EL Butter, 500 ml lauwarme Milch, 4o ml Rum, 1 EL Vanillezucker, 2 Würfel Germ, Zitronenschale, 1 Glas Marillenmarmelade, Staubzucker zum Bestreuen

ZUBEREITUNG
Für ein gutes Gelingen dieser beliebten österreichischen Mehlspeise ist es wichtig, alle Zutaten auf Zimmertemperatur zu bringen, bevor man sie verarbeitet. Die klassische Zubereitung beginnt mit der Herstellung eines Dampfls:
In einer Schüssel die Germ mit 10 Gramm Zucker abrühren. 1 Esslöffel Mehl und 4 bis 5 Esslöffel lauwarme Milch dazu geben und rühren bis die Masse flüssig ist. An einen warmen Ort zum Gehen stellen. Nach etwa 10 Minuten sollte das Dampfl die doppelte Höhe erreicht haben und kann weiterverwendet werden.
In der Zwischenzeit die Eier und Dotter mit lauwarmer Milch versprudeln. Butter schmelzen lassen. In einem Weidling das Mehl mit der Ei-Milchmasse, Salz, zerlassener Butter, Rum, dem restlichen Zucker, Vanillezucker und geriebener Zitronenschale vermengen. Dann das Dampfl untermengen.
Den Teig mit einem Kochlöffel gut abschlagen, bis er Blasen macht und sich vom Kochlöffel löst. Den Weidling mit einem Küchentuch zudecken und zum Gehen nochmals an einen warmen Ort stellen. Hat er die doppelte Höhe erreicht, arbeitet man ihn aus und lässt ihn nochmals gehen.
Danach formt man Kugeln, in die man mit dem Finger eine Vertiefung drückt. Marmelade einfüllen und die Kugel an den Rändern einschlagen. Mit der Naht nach unten dicht nebeneinander in eine gut eingefettete Kasserolle setzen und im vorgeheizten Backrohr bei etwa 170 °C Ober- und Unterhitze 40 Minuten backen.
Sofort noch warm aus der Form nehmen, aber erst nach dem Auskühlen teilen. Mit Staubzucker bestreuen.
Gut passt Vanillesauce dazu und man kann Buchteln auch mit Schokolade oder Marmelade nach Wunsch füllen.

FEINES MOSTSEKTSUPPERL MIT GEBRATENEN SPECKNOCKERLN
Holzbauerngut, Seite 30

ZUTATEN
1 Zwiebel, 70 g Butter, 80 g Karotten, 80 g Sellerie, 50 g Petersilwurzel, 1/2 Stange Porree, etwas Knoblauch, 125 ml Speckbirnenfrizzante, 125 ml Schlagobers, 750 ml Rindsuppe, 1 EL Mehl, Salz, Pfeffer

FÜR DIE KNÖDEL
150 g geräucherter, durchzogener Speck, 1 Zwiebel, 400 g altes Weißbrot, 150 ml Milch, 2 Eier, Brösel zum Binden, Öl und Butter zum Braten, Salz, Pfeffer

ZUBEREITUNG
Zwiebel würfelig schneiden und in Butter andünsten. Wurzelwerk putzen, schälen und blättrig schneiden, in die Pfanne zum Zwiebel geben und goldbraun rösten. Knoblauch schälen, feinblättrig schneiden, dann kurz mitrösten. Das Mehl darüber stauben, goldbraun rösten und mit dem Frizzante ablöschen. Einkochen lassen. Mit der Rindsuppe aufgießen und köcheln lassen bis das Gemüse weich ist. Anschließend mit dem Mixstab fein pürieren und das Schlagobers einrühren. Den restlichen Frizzante beigeben mit Salz und Pfeffer abschmecken.
Für die Specknockerl die Zwiebel schälen und klein hacken. Den Speck und das Weißbrot würfelig schneiden. In einer Pfanne Butter in etwas Öl erhitzen und die Zwiebel darin glasig anschwitzen. Die Speckwürfel zugeben. Milch erhitzen, vom Feuer nehmen, das Knödelbrot darin einweichen. Überkühlen lassen. Zwiebel-Speckmischung und Eier dazufügen, mit Salz und Pfeffer abschmecken. Die Mischung je nach Konsistenz mit etwas Bröseln binden. Aus der Masse mit zwei Esslöffeln gleichmäßige Nockerln formen. In einer Pfanne Öl erhitzen, Butter darin schmelzen lassen und die Nockerl darin bei mittlerer Hitze braten bis sie gar sind.

PANORAMASTÜBERL-HÜTTENSPÄTZLE
Panoramastüberl, Seite 32

ZUTATEN
400 g griffiges Mehl, 4 große Eier, 190 ml Wasser, 1 EL Öl, 200 g Speckwürfel und Bratenreste, 100 g bunte Paprikawürfel, Käse zum Bestreuen, 1 Zwiebel, 1 Prise Chiligewürz, Salz, Pfeffer

ZUBEREITUNG
Für die Spätzle aus dem Mehl, den Eiern, Wasser, Öl und etwas Salz nach Geschmack in einer Schüssel mit dem Knethaken einen Teig mixen, bis ein sämiger Spätzleteig entsteht.
In einem hohen Topf zwei Liter Salzwasser zum Kochen bringen, einen Spätzlehobel darüber legen und den Teig nach und nach einhobeln. Die Spätzle sind gar, wenn sie im Schaum schwimmen.
Öl in einer Pfanne erhitzen und die Speckwürfel, Bratenreste sowie die Paprikawürfel anbraten. Mit Salz, Pfeffer und Chili würzen und mit den Spätzle vermengen.
Eine Auflaufform mit Butter bestreichen, die Spätzle hineingeben, mit geriebenem Käse bestreuen und im vorgeheizten Rohr bei 170 °C circa 15 bis 20 Minuten backen.
Zwiebel in feine Ringe schneiden und mit griffigem Mehl bestauben. In einer Pfanne reichlich Öl erhitzen, die Zwiebelringe darin schwimmend nur hellbraun herausbacken, sonst werden sie bitter.
Dazu passen frische, knackige Blattsalate, in die man Tomaten, Paprika und Gurken schneiden kann. Würzen kann man sie mit frischen Gartenkräutern wie Petersilie oder Schnittlauch. Auch Krautsalat, mit Kümmel gewürzt, ergänzt die Hüttenspätzle sehr gut.

REZEPTE

LEBERSCHÄDEL MIT BRATERDÄPFELN UND WARMEM KRAUTSALAT
Landhotel Hoftaverne Atzmüller, Seite 38

ZUTATEN FÜR 6 PERSONEN
Leberschädel (für 6 Personen), 300 g Schweinsleber faschiert, 600 g Schweinsbauch faschiert, 3 alte Semmeln, 250 ml Milch, 3 Eier, 50 g Fett zum Anbraten, 1 Zwiebel, gehackt, 3 Knoblauchzehen, Salz, Pfeffer, Majoran, 1–2 Schweinsnetze, Schale von 1 Zitrone

BRATERDÄPFEL
500 g Kartoffeln, mehligkochend, 1 Zwiebel, 1 EL Schnittlauch, 2 EL Butterschmalz, 1 TL Kümmel, Salz, Pfeffer

KRAUTSALAT
500 g Weißkraut, 70 g Bauchspeck, 1,5 l Wasser, 5 EL Essig, 3 EL Öl, Kümmel, Salz, Pfeffer

ZUBEREITUNG
Leberschädel: Die Semmeln würfelig schneiden, in eine große Schüssel geben und mit lauwarmer Milch anfeuchten. Leber und Schweinsbauch faschieren. Knoblauchzehen schälen, blättrig schneiden und mit dem gehackten Zwiebel in Fett glasig anbraten.
Das Faschierte und die glasig gerösteten Zwiebel, sowie die Eier, Salz, Pfeffer, Majoran und den Abrieb einer Zitrone gut mit den Semmelwürfeln vermischen.
Ein Reindl (Buchtelreindl) mit dem Schweinsnetz auslegen, sodass die Ränder großzügig überhängen. Eventuell benötigt man auch ein zweites Schweinsnetz. Darin die Masse einfüllen und das Netz darüber schlagen. Im vorgeheizten Rohr bei 180 °C 40 Minuten braten.
Braterdäpfel: Die Erdäpfel am besten in der Schale kochen, dann schälen und in Scheiben schneiden. Butterschmalz in einer Pfanne erhitzen, die Erdäpfel darin kurz anbraten. Zwiebel hacken, dazu geben und fertig rösten. Mit Salz, Pfeffer und Kümmel würzen, gut durchmischen.
Krautsalat: Das Kraut vom Strunk entfernen und fein schneiden oder hobeln. In einem hohen Topf Salzwasser aufkochen lassen und das geschnittene Kraut 8 Minuten leicht kochen, dann absieben. Mit Essig, Öl, Kümmel und Pfeffer abschmecken. Gut durchmischen. Den Speck würfelig schneiden, in Öl anrösten und über den Krautsalat gießen. Warm servieren.

GEKOCHTES VOM MOZARTRIND
Anton Riepl Fleischmanufaktur, Seite 40

ZUTATEN FÜR 6 PERSONEN
1,5 kg Mozartrindfleisch (Schulterscherzel, Tafelspitz, dicke Schulter), 250 g Wurzelgemüse (Karotten, Sellerie, gelbe Rübe, Petersilienwurzel, Porree), 1 Zwiebel, 1 Lorbeerblatt, 1 Gewürznelke, 8 schwarze Pfefferkörner, 1/2 Bund Schnittlauch, Salz, Pfeffer

ZUBEREITUNG
Zwiebel schälen, darauf mit einer Gewürznelke ein Lorbeerblatt feststecken.
Das saftige Mozartrindfleisch in einen Topf mit kochendem, leicht gesalzenem Wasser legen. Es eignen sich sowohl Schulterscherzel oder dicke Schulter als natürlich auch Tafelspitz. Das Wurzelgemüse putzen, Karotten, gelbe Rübe und Sellerie schälen und beigeben. Die Zwiebel mit der aufgesteckten Nelke und dem Lorbeerblatt sowie die Pfefferkörner dazugeben. Etwa eine Stunde köcheln lassen, bis das Fleisch gar ist. Zwischendurch den sich bildenden Schaum abschöpfen. Die Suppe abschmecken, mit Salz und Pfeffer würzen. Durch ein Sieb in einen Topf leeren. Karotten schneiden, auf die Suppenteller verteilen. Die Suppe heiß in die Teller geben. Zum Schluss noch frisch geschnittenen Schnittlauch darüber streuen.
Nun kann man das Fleisch entweder klein würfelig schneiden und als Suppeneinlage verwenden, oder nach der Suppe als gekochtes Rindfleisch mit Spinat und Kartoffelschmarrn genießen.

Tipp: Pfeffer aus Madagaskar gibt einen besonderen Geschmack.

KALBSSCHULTERSCHERZL GESCHMORT UND STIERWANGERL
Gasthof Post, Seite 42

ZUTATEN
400 g Kalbsschulterscherzl, 400 g Stierwangerl, 300 g Wurzelgemüse, 2 Zwiebeln, 5 Zehen Knoblauch, 300 ml kräftiger Rotwein, 1000 ml Kalbsfond, Öl zum Anbraten, etwas Butter, Dijon Senf, 4 cl Sherry dry, 2–3 EL Tomatenmark, 6 Wacholderbeeren, 4 Lorbeerblätter, 10 Pfefferkörner, 8 g Thymian frisch, Salz, Pfeffer aus der Mühle

SAUTIERTE PILZE
160 g gemischte Pilze geputzt, Olivenöl, Salz, Pfeffer aus der Mühle, frisch gehackte Petersilie

ZUBEREITUNG
Die beiden Bratenstücke mit Salz, Pfeffer und etwas Dijonsenf würzen und in einer Kasserolle scharf an allen Seiten anbraten. Fleisch herausnehmen und das walnussgroß geschnittene Gemüse in derselben Kasserolle rösten. Wenn das Gemüse gut gebräunt ist, Tomatenmark beigeben und abermals kurz mitrösten, mit Rotwein ablöschen. Die Flüssigkeit einreduzieren lassen und mit dem Kalbsfond aufgießen, Lorbeer, Wacholderbeeren und Pfefferkörner beigeben. Die beiden Bratenstücke wieder in die Kasserolle geben. Das Ganze im vorgeheizten Backrohr bei 150 °C circa 60 Minuten garen. Das Kalbsschulterscherzl wird vor dem Stierwangerl fertig sein, hier muss man aufpassen. Wenn sich die jeweiligen Bratenstücke einfach von der Fleischgabel lösen, herausnehmen und zugedeckt beiseite stellen.
Die Sauce durch ein feines Sieb in einen passenden Topf passieren und auf zwei Drittel reduzieren, eventuell Bratenfett in der Sauce entfernen, abschöpfen. Mit frisch gehacktem Thymian, etwas Dijon Senf, Salz, Pfeffer und einem Schuss Sherry den Jus abschmecken und zum Schluss mit Butter montieren.
Die von Schmutz befreiten Pilze in einer heißen Pfanne mit etwas Olivenöl kurz scharf ansautieren und mit Salz, Pfeffer und frisch gehackter Petersilie würzen.
Dazu passt mit Trüffelöl verfeinertes Kartoffelpüree.

REZEPTE

SAIBLINGSFILETS IN DER BUCHWEIZEN-HÜLLE MIT ZWEIERLEI PAPRIKASAUCEN
Braugasthof Mascher, Seite 46

ZUTATEN
8 Saiblingsfilets (à 80 g), 2 Zitronen, 2 Eier, 2–3 EL Milch, Mehl zum Panieren, 200 g Buchweizen, grob gemahlen, Öl zum Braten, Salz, Pfeffer

PAPRIKASAUCEN
150 g gelbe Paprika, 150 g rote Paprika, 1 große Zwiebel, 125 ml Weißwein Riesling oder Veltliner, 500 ml Gemüse-fond, 4 EL Öl, Salz, Pfeffer

ZUBEREITUNG
Die Saiblingsfilets mit der Fischpinzette sorgfältig von allen Gräten befreien. Zitronen auspressen und die Filets beträufeln, dann salzen und aus der Mühle pfeffern.
Die Eier mit etwas Milch in einem tiefen Teller verquirlen. Mehl in einen tiefen Teller häufen.
Buchweizen grob mahlen, man kann ihn auch gemahlen kaufen, und ebenfalls in einen tiefen Teller geben. Die Filets im Mehl, dann in der Eimasse, danach im Buchwei-zen wenden. Sie müssen rundum paniert sein. In einer Pfanne mit reichlich Öl von beiden Seiten braten.
Für die Paprikasaucen die Paprika waschen, Strunk ent-fernen, Kerne entfernen und nach Farbe getrennt klein würfeln. Zwiebel schälen, ebenfalls würfeln.
In zwei Pfannen je zwei Esslöffel Öl erhitzen, jeweils die halbe Masse Zwiebel darin glasig anschwitzen, dann die Paprikawürfel nach Farbe getrennt in die Pfannen geben. Kurz anrösten, danach nach Geschmack salzen, pfeffern und jeweils mit der halben Menge Weißwein ablöschen. Mit Gemüsefond auffüllen, sodass die Paprika mit Flüssig-keit bedeckt darin weich kochen können. Dies dauert etwa 15 bis 20 Minuten, sie müssen richtig weich sein.
Die Paprikamassen werden mit dem Pürierstab püriert. Nochmals mit Salz und Pfeffer abschmecken.
Die Saucen nach Farbe getrennt auf die Teller portionie-ren. Mit einem Löffel Muster ziehen und je zwei panierte Filets auf die Teller legen.
Mit Petersilienerdäpfeln und bunten Blattsalaten servieren.

ERDBEEREN, MIT TOPFENCREME ÜBERBACKEN, UND RHABARBER
Landhotel Keplingerwirt, Seite 48

ZUTATEN FÜR 6 PERSONEN
3 Stangen Rhabarber, Läuterzucker (125 g Zucker, 125 ml Wasser), 10 EL Himbeermark, 6 kleine Handvoll Erdbeeren, 3 Eier, 120 g Zucker, 250 g Topfen, 1 EL Mai-zena, etwas Staubzucker

ZUBEREITUNG
Rhabarber schälen und in zwei Zentimeter große Stücke schneiden. Auf einem Backblech auflegen.
Für den Läuterzucker Wasser und Zucker aufkochen, dann über den Rhabarber gießen. Das Himbeermark ebenfalls darüberleeren. Das Backrohr auf 200 °C vorhei-zen, den Rhabarber darin weich dünsten. Es dauert unge-fähr 10 Minuten, er soll weich sein, aber nicht zerkocht. Man kann den Rhabarber auch gut vorkochen und im Kühlschrank sogar bis zu einer Woche aufbewahren.
Die Erdbeeren waschen, entstielen und in nicht zu feine Scheiben schneiden. In sechs tiefe Porzellanteller portio-nieren und je 2 Esslöffel vom Rhabarber darüber geben. Für die Creme die Eier trennen, Eiklar mit dem Zucker aufschlagen. Die Eidotter mit dem Topfen und Maizena verrühren und den Eischnee darunter heben. Über die Früchtemasse geben, sodass die Früchte bedeckt sind. Das Rohr auf 200 °C vorheizen und die Teller in das Backrohr geben. Etwa zehn Minuten backen, bis die Topfencreme goldbraun ist und schon eine feste Haut ge-bildet hat. Man kann eventuell die Hitze etwas erhöhen, wenn sich die Creme schon fest angreift, aber noch nicht die gewünschte Bräune hat.
Mit Staubzucker bestreuen. Sehr gut schmeckt dieses Ge-richt auch mit anderen Früchten, etwa allen Beerenarten, die man auch mischen kann.
Dieses Rezept ist nicht ganz leicht so repräsentativ wie auf dem Foto nachzumachen, es schmeckt jedoch auch von ungeübten Köchen.

Im Botanischen Garten

Blick vom Schlossmuseum

LINZ
STADT DES STAHLS

Die Divisionen und die Blumen

Linz, die Stadt des Stahls, wird ihrem Ruf als Industriezentrum natürlich nach wie vor gerecht. Die Steel Division der voestalpine walzt, formt, verzinkt und beschichtet Bleche für Autos, Bau und Haushalt. Schienen und Drahte, Weichen, Rohre oder Regallager gehören zwar zu einer anderen Division, verlassen aber ebenfalls die Förderbänder rund um die Uhr. In der Stahlwelt, die niemals schläft, bekommen Kinder und Erwachsene, wenn sie möchten, auch einen multimedialen Einblick in die faszinierende Welt des glühenden Eisens und in das, was die Menschen daraus machen können. Als Rüstungsbetrieb 1938 im Osten der Stadt von den Nationalsozialisten gegründet, schafften die Arbeiter nach dem Krieg und der Zerstörung den Wiederaufbau und machten die VÖEST zu einem Paradebetrieb der Republik Österreich – bis einige Fehlentscheidungen das Werk in eine wirtschaftliche Krise stürzten. Seitdem es in der Folge privatisiert wurde, behaupten sich seine vier Divisionen auch an der Börse und nicht nur seine Skyline mit den Hochöfen und dem Stahlwerk strotzt vor Kraft und Energie.

Lange bevor der Stahl kam, prägten kleine und mittlere Betriebe die Wirtschaftsstruktur, bis im 18. Jahrhundert die Textilindustrie zu blühen begann. Die 1672 gegründete Wollzeugfabrik, ein Kind des Merkantilismus, wurde im darauf folgenden Jahrhundert verstaatlicht und beschäftigte bis zu 50 000 Menschen. Und noch früher, im Mittelalter, verhalfen Mauteinnahmen der Stadt, ihren Bewohnern, aber vor allem den österreichischen Herzögen zu einem wirtschaftlichen Aufschwung. Von Linz aus wurde das Land ob der Enns verwaltet, zeitweise residierte hier sogar Kaiser Friedrich III.

Die Donaubrücke war 1497 erst die dritte Brücke über den berühmten Fluss auf österreichischem Gebiet, nach Wien und Krems. Und schon gediehen dank ihr die Märkte! Sowohl der Bartholomäusmarkt als auch der Bruderkirchweihmarkt hatten zu Beginn der Neuzeit den Rang internationaler Messen. Märkte beleben auch heute den Handel in der Stadt. Mit frischen Produkten aus der Landwirtschaft versorgen sie regelmäßig die Genussfreudigen. Der Reichtum an außergewöhnlichen Locations, vom Donauschiff bis zum Barocksaal, verleiht Tagungen und Kongressen schon seit längerer Zeit ein besonderes Flair, das die graue Industriestadt fast nicht einmal mehr erahnen lässt. Unweit von Linz kann man die Donau heute noch auch mit dem eigenen Auto auf einzigartige Weise überqueren – auf der Drahtseilbrücke Ottensheim, der „fliegenden Brücke", die in den 1860er-Jahren errichtet wurde und bis heute treue Dienste leistet.

Eingezwängt zwischen Salzburg und Wien, den kulturellen Giganten, fristete Linz jedoch immer ein Dasein als touristisches und ästhetisches Mauerblümchen. Zu Recht?

Das dem wunderbaren Anton Bruckner gewidmete Musikfest findet alljährlich statt. Dieses einzigartige Musikgenie – auch er beinahe so etwas wie ein Mauerblümchen in der Welt der klassischen Musik – wirkte viele Jahre in Linz und inspirierte auch die erste Linzer Klangwolke, die seit 1979 jährlich im Rahmen der Ars Electronica über der Stadt schwebt. Das Ars Electronica Festival vereint Kunst mit Technik und verbindet beide mit gesellschaftlichen Fragestellungen. Das Ars Electronica Center ist das führende Museum digitaler Kunst und Medienkunst. Der Prix Ars Electronica ist nichts weniger als der „Oscar" der Computerkunst. Linz wusste schon, wie es sich auch kulturell behaupten kann.

Noch ein anderer ganz Großer der österreichischen Kultur, Adalbert Stifter, verbrachte die letzten beiden Jahrzehnte seines Lebens hier, er schrieb sich die Finger wund, um Natur und Charaktere dieser Gegend in Worte zu fassen.

Auch architektonisch bietet die Stadt viele Schmankerl. In faszinierender Weise verbinden sich an vielen Orten grandiose moderne Bauten, wie das Lentos Kunstmuseum, das eine der besten Sammlungen zeitgenössischer Kunst der Republik beinhaltet, mit historischen Fassaden, Kirchtürmen oder Burgensembles. Und allerorts treffen Besucher auf

ARCHITEKTUR, BILDUNG, KULINARIK

Superlative! Der Pöstlingberg mit der auf ihm thronenden Wallfahrtsbasilika, eines der Wahrzeichen der Stadt, ist über die steilste Schienenbergbahn des Kontinents erreichbar. Der Mariendom ist die größte Kirche Österreichs und der Hauptplatz mit seinen barocken Fassaden der „größte Saalplatz Europas".

Die Johannes Kepler Universität mit den drei Fakultäten Rechtswissenschaft, Technische Naturwissenschaft und Sozial- und Wirtschaftswissenschaft, ist ein Netzwerk für Forschung, Lehre und Praxis, aber nicht das einzige auf akademischem Niveau. Es gibt noch die Kunstuniversität, die Katholisch-Theologische Privatuniversität und die Anton Bruckner Privatuniversität, eine der führenden Ausbildungsstätten für Musik und Darstellende Kunst in Österreich.

Sogar kulinarisch nimmt es Linz mit Wien auf. Und das gleich auf allerhöchster Ebene, sind doch die Wiener Süßspeisen geradezu weltmeisterlich. Die Linzer Torte ist viel älter als ihre berühmten Wiener Schwestern. Die süße Botschafterin der Hauptstadt Oberösterreichs geht auf ein Rezept aus dem Jahr 1653 zurück. Es ist damit das älteste Tortenrezept der Welt. Die Torte ist köstlich. Aber es ist schon wahr: in Linz, von Linzern und Linzerinnen gebacken, ist sie unübertrefflich. Vielleicht ist das einer der Gründe, warum uns für dieses Buch niemand das Rezept verraten wollte?

Zu den schönsten Gartenanlagen Europas zählt der Botanische Garten. Zehntausend verschiedene Pflanzenarten gedeihen auf dem Areal, Orchideen, Kakteen, Dahlien, Funkien und Rosen. Sumpfdotterblume und Ananas, Schneeheide und Vanille, Schwertlilie und Narzisse, Pestwurz und Buschwindröschen erblühen in den Gewächshäusern oder unter freiem Himmel. Nur das Mauerblümchen „Linz" gibt es schon längst nicht mehr.

Die Wallfahrtsbasilika auf dem Pöstlingberg

HAUBENKÜCHE MIT EXTRAS

„Wahre Größe kommt von kleinen Dingen"

Wer wie Georg Essig seit 25 Jahren auf Haubenniveau kocht, sucht wohl zwangsläufig irgendwann nach Extras auch abseits dessen, was der Gast mit Messer und Gabel aufnehmen kann: Es ist ein in vielerlei Hinsicht ungewöhnliches Restaurant, das man betritt, wenn man auf dem Froschberg hervorragend speisen möchte. Man kann dies im Rondell eines Tanzlokals aus den 1950er-Jahren tun, dem Küchenchef Georg Essig und seine Frau Cornelia 2010 neues Leben einhauchten.

„Auch die kleinen Dinge zählen" sagt er, „sie müssen nur in allen Bereichen perfekt sein." So etwa verzichten die Gastgeber beim Gedeck auf Tischwäsche, um die edle Maserung des dunklen Holzes nicht zu verbergen. Auf ihm kommen die köstlichen Kreationen des Küchenchefs wie Skulpturen zur Geltung.

An das Restaurant mit Barbereich und Wintergarten für Raucher schließt sich die Edelgreißlerei, wo auch Fertiggerichte des Hauses – allesamt übrigens ohne Konservierungsstoffe – angeboten werden. Essigs Kochbuch mit Schritt-für-Schritt-Anleitungen gibt Auskunft, wie man das Beste aus den Zutaten herausholt.

Im ersten Stock jongliert der meisterhafte Koch häufig Löffel und Messer zwischen mehreren Induktionsherden, um Hobbyköchen in seiner „harten Schule" Basisfertigkeiten, wie das Zerlegen von Fisch, oder Hochgradigeres, wie das vollendete Braten, beizubringen.

Und noch eine Eigenart erfreut. Die Öffnungszeiten des Restaurants sind auf die Bedürfnisse von Menschen abgestimmt, die sich nicht immer streng an die vorgegebenen Essenszeiten halten möchten. Ab elf Uhr kann man nachmittags oder vor dem Theaterbesuch in lockerer Atmosphäre ein Menü oder auch nur eine Kleinigkeit zu sich nehmen.

Bevor so mancher Stammgast sich an einen der Tische um das zentrale Rund setzt und den Blick aus den Glastüren auf die Terrasse schweifen lässt, steigt er die Treppen hinab in die Schatzkammer des Restaurants. Denn dort haben zwischen den exklusiven Weinen des Wirts auch edle Tropfen aus dem Privatarchiv der Gäste ihr perfekt klimatisiertes Quartier.

RESTAURANT ESSIG'S
Niederreithstraße 35 b, A-4020 Linz
Telefon 00 43 (0) 7 32 / 77 01 93
www.essigs.at

GENIESSEN HOCH IM KURS

Die Rechnung geht auf

H inter der gemütlichen Lounge-Atmosphäre des Lokals am urbanen Europaplatz steckt viel jugendliche Dynamik. Der Look könnte einem Szenario der Wall Street entstammen, dennoch konzentriert sich das Team der Börserie unter Führung Marlene Millidorfers auf Regionales. Ganztags bietet es warme Küche und serviert sie in der schicken Raucherlounge oder im Restaurant mit Barbereich. „Wir liegen direkt am Marktplatz, und so fließen immer wieder Angebote der Tandler und Marktläden in die Tagesgerichte ein."

Nicht von ungefähr zeigt das Logo einen stilisierten Stierkopf als Symbol für steigenden Gewinn. Die Karte der kleinen, feinen Küche wechselt oft, aber immer legt man Wert auf ein gutes Preis-Leistungs-Verhältnis. Den Mittagslunch läutet zum Beispiel ein Waldorfsalat mit Honigschinken ein, für eine Kurssteigerung Richtung Genuss sorgen dann Saltimbocca vom Zander oder auch ein traditionelles Rindsgulasch. Auf der Gewinnerseite steht der Gast auch à la carte, wo er auf Gerichte wie Pasta mit Trüffelrahmsauce, Farfalle mit graved Lachs oder Zitronengras-Panna-Cotta setzen kann.

Wer der Hektik des Alltags nur für einige Minuten entfliehen will, ist im Erdgeschoss des Bankgebäudes, dem das Lokal den Namen verdankt, ebenfalls bestens aufgehoben. Dort hat es sich die Börserie zur Aufgabe gemacht, die Kaffeekultur auf höchstem Niveau zu zelebrieren. Trainierte Coffeemaster bereiten österreichische Spezialitäten wie Franziskaner und Fiaker oder italienische Kaffeegenüsse wie Cappucchino und Latte Macchiato mit großer Kunstfertigkeit zu.

Wann immer es einen Grund gibt das Glas zu heben, findet man in der Vinothek den passenden Tropfen. Ganze Abende sind hier dem Weingenuss gewidmet; beraten von den geschulten Mitarbeitern, kann ausgiebig degustiert – und natürlich auch eingekauft werden.

Als Top-Location für Feste und Feiern sowohl privater als auch geschäftlicher Natur sperrt die Börserie sogar an ihren Ruhetagen auf und serviert selbst dann auf Wunsch ihr berühmtes Beef Tatar mit Wachtelei.

Beef Tatar
Dieses Rezept finden Sie auf der Seite 102

BÖRSERIE
Europaplatz 1a, A-4020 Linz
Telefon 00 43 (0) 7 32 / 65 96 27 63
www.boerserie.at

IN BESTER GESELLSCHAFT

Alte Traditionen neu interpretiert

Gebratenes Donauzanderfilet auf Balsamico-
Schalotten und Kräuter-Kartoffelpüree
Dieses Rezept finden Sie auf der Seite 102

E s gibt Plätze – und vielleicht gibt es solche in jeder Stadt, aber es sind ganz sicher nicht sehr viele – da lässt man sich nieder und findet selbst den Winterregen schön, der die weißen Donauschiffe wäscht, die da auf dem großen Fluss hinter der Glaswand zur Terrasse ankern. Und der die Kirche auf dem Pöstlingberg in einen zarten Schleier hüllt, während eine Gruppe von Orchestermusikern, die Geigenkästen unter dem Arm, aus dem Hotel hinüber ins Brucknerhaus zur Probe eilt. Anlässlich ihres Aufenthalts in der Stadt genießen sie, wie viele Prominente aus Sport, Wirtschaft und Showbiz zuvor, hier im ARCOTEL Nike Linz österreichische Gastlichkeit rund um die Uhr. Es gehört zu einer österreichischen, familiengeführten Gruppe rund um Rechtsanwältin Dr. Renate Wimmer. „Als Gastgeber aus Leidenschaft möchten wir unseren Gästen mit österreichischem Charme, Professionalität und Servicequalität entgegentreten", sagt Direktor Rinaldo Bortoli.

dasRESTAURANT, wie das hoteleigene Speiselokal schlicht heißt, frequentieren neben den Business- und Freizeitgästen auch viele Linzer, die Wert auf Regionalität, Qualität und Frische der Produkte legen; oder fantasievolle Veranstaltungen lieben, wie „Alte Traditionen – neu interpretiert", wobei die Zubereitung der Speisen zur Kunst erhoben und Küchenchef Markus Kainberger und seinem Team beim Flambieren, Filetieren und Tranchieren über die Schulter geschaut wird.

Nur wenige Minuten vom Stadtzentrum entfernt, direkt an der Kunst- und Kulturmeile von Linz, kann sich der Gast in persönlicher Atmosphäre individuell von einem erlebnisreichen Tag erholen. Die großzügige Grünfläche mit Skulpturenpark vor dem Hotel lädt zum Flanieren ein, bevor man an der KÉ café & bar mit einem guten Glas Wein auf ein gelungenes Konzert anstößt, einen Seminartag Revue passieren lässt oder sich die Details der geplanten Hochzeit, die von der Trauung bis zur Nacht in der Designersuite ohne Unterbrechung im Haus stattfinden kann, durch den Kopf gehen lässt.

ARCOTEL NIKE LINZ
GM Rinaldo Bortoli
*Untere Donaulände 9, A-4020 Linz
Telefon 00 43 (0) 7 32 / 76 26 0
www.arcotelhotels.com*

OBEN, WO DER KELLER IST

Mediterranes Flair in urbaner Umgebung

Pollo & Polpo
Dieses Rezept finden Sie auf der Seite 103

Das Mondigo sorgte schon bei der Eröffnung vor acht Jahren in Linz für Furore, und das gleich in mehrfacher Hinsicht.

Gerhard Destalles' Bar-Restaurant liegt in einer bislang relativ unauffälligen Gegend, inmitten von Büro- und Industriekomplexen. Dennoch, vielleicht auch gerade deswegen, bietet es unaufdringlich urban-elegantes Ambiente und warme Küche rund um die Uhr. Die Smaragdthujen auf der Terrasse bilden im Sommer die Barriere zur Außenwelt – zum Insider südländisch angehauchter Esskultur wird man dann bereits unter den hellen Leinenschirmen.

Innen streift man auf der Suche nach dem bevorzugten Platz auf geöltem Akazienparkett an der großzügigen Bar vorbei, in den in warmen Orangetönen gehaltenen Restaurantbereich. Solange es der Gesetzgeber in Österreich noch erlaubt, kann man an der einladenden Bar nicht nur Kaffee und Drinks einnehmen, sondern sich auch dem Tabakgenuss hingeben.

Von hier und dem in Gelbtönen gehaltenen Teil aus kann man wunderbar den gläsernen, klimatisierten „Weinkeller" betrachten, der inmitten des Raumes steht und eine gute Auswahl an heimischen Weinen, aber auch sehr Erlesenes aus Italien beherbergt. Neugierige dürfen natürlich selbst in den Regalen nach dem Tropfen ihrer Wahl stöbern. „Jeden Tag werden zumindest acht Weine offen angeboten," so schreibt das Gourmetmagazin Falstaff, das das Mondigo als hervorragenden Geheimtipp pries, „auf Nachfragen werden auch Granaten geöffnet und glasweise ausgeschenkt."

Chef und Küchenpatron Gerhard Destalles setzt auf mediterran-italienische Kochkunst. „Eine leichte, frische Küche, mit viel Fisch, Muscheln und Pasta." Die für seine ausgeklügelten Rezepte und für die beliebten Antipasti und Pizzen nötigen Spezialitäten holt er meist selbst aus Italien, ebenso Prosciutto, Käse und Öl. Kein Wunder also, dass bei so viel Können am Herd, Stil, Umsicht und dem bemerkenswert guten Preis-Leistungs-Verhältnis die Leser des Falstaff das Mondigo auch 2011 unter die besten Restaurants des Landes gewählt haben.

MONDIGO
Wiener Straße 157, A-4020 Linz
Telefon 00 43 (0) 732 / 94 48 48
www.mondigo.at

PERFETTO!

Hausmannskost à la Venetien

V on der Bar des kleinen Restaurants kann man auf die Piazza blicken, auf der sich Alt und Neu so gut mischen. Die Türme des Ursulinenhofs spiegeln sich in den verglasten Obergeschossen des Kulturquartiers. Im Sommer, wenn das Bigoli seine Terrasse öffnet und Ursula Scherb die Köstlichkeiten der Küche auf die Tische im Schatten der Leinenschirme stellt, verfängt sich der Duft der „Fegato alla veneziana", der gerösteten Kalbsleber, oder hausgemachter Spaghetti mit Kalbsbries in den Buchsbaumkugeln am Platz des Offenen Kulturhauses. So lecker bekommt man sie sonst nur in einer guten Trattoria jenseits der Alpen. Eigenwillig, jedoch authentisch ist das Konzept des Küchenchefs Gerhard Hinterleitner, bietet er doch Höchstgenuss auf ur-italienische Art mit vielen Überraschungen. Für das, was man die globalisierte italienische Küche nennen könnte, bleibt da jedoch kein Platz mehr.

Die täglich wechselnde Karte mit jeweils drei kompletten Mittagsmenüs bietet Regionales aus dem Friaul, das durchaus auch deftig sein kann. „Wir pflegen die Philosophie des Slow Food", sagt der Exponent einer typischen Liebhaberküche. „Zum Beispiel kenne ich die Produzenten persönlich und kaufe direkt beim Erzeuger." Pasta wird aus biologischem Gries selbstgemacht und das Angebot fällt weit aus dem Üblichen heraus. Wenn das Rezept es verlangt, zeigt der Koch keine Scheu vor ungewöhnlichen Zutaten, wie etwa den Sehnen (Nervetti) der Kalbshaxe oder gar Eselsfleisch. Dass in der norditalienischen Osteria-Küche auch gerne gegrillt wird, erfährt man aus der Bigoli-Speisekarte ebenso, wie die traditionsreichen venezianischen Namen von Kalbskutteln, Berglinsen und sogar Bratwurst. Berühmte Gourmets, wie Severin Corti, beneiden daher Linz um dieses feine kulinarische Kleinod mitsamt seiner Getränkekarte, die Bollicine vom Fass aus der Region Conegliano-Valdobbiadene, Theresianerbräu aus Triest und Weine aus dem Collio birgt. Ob eines dieser Getränke es mit dem einzigartigen, hausgemachten Lavendel-Zitronensaft aufnehmen kann, sollte man unbedingt selbst entscheiden.

Erdäpfelgnocchi in aromatischer Rotweinsauce
Dieses Rezept finden Sie auf der Seite 104

BIGOLI BAR RESTAURANT
Dametzstraße 38 / OK-Platz 1A, A-4020 Linz
Telefon 00 43 (0) 7 32 / 77 07 11
www.bigoli.at

EIN RISTORANTE MIT G'WÖLB

Ein bisschen Urlaubsstimmung

Calamari ripiene alla griglia –
Gefüllte Tintenfische vom Grill auf Risotto
Dieses Rezept finden Sie auf der Seite 105

„Und das Essen war wieder einmal sensationell", sagt ein weiblicher Stammgast und reicht zum Abschied Manfred Lenz die Hand. Er ist aus der Küche gekommen, um das Konzept des kürzlich von Grund auf renovierten Lokals zu erklären. Wer seit dem Umbau nicht hier war, ist begeistert von der legeren Wohnzimmeratmosphäre, die das Ristorante Monte Verde in Linz Urfahr seitdem ausstrahlt. Modern und zeitgemäß, hat es dennoch nichts von dem typischen Trattoria-Charakter verloren.

Schon beim Eintritt lässt köstlicher Duft nach frisch gebackener Pizza das Wasser im Mund zusammenlaufen. Auf dem „Pizzaplatz" kann man dem Bäcker zusehen, wie er auch Ausgefallenes, Lachs zum Beispiel, Maroni oder Weintrauben auf den Teig legt und in den Ofen schiebt. Paste gibt es ebenfalls sowohl in klassischen wie kreativen Variationen. Sie finden sich etwa als Cannelloni mit Kalbfleisch gefüllt oder gepaart mit saisonalen Köstlichkeiten wie Schwammerln, Bärlauch, Wild oder Lamm auch auf preiswerten, frisch zubereiteten Mittagsmenüs. Allesamt hausgemacht. Für Küchenchef Manfred Lenz ist das selbstverständlich, der in verschiedenen Haubenküchen kochte, bevor er sich vor siebzehn Jahren selbständig machte. Unterstützt wird er im Gästebereich vor allem von seiner Frau Andrea, die oft auch zur Stelle ist, wenn Gruppen die Säle „Rom und Venedig" oder „Toskana" im Erdgeschoss oder das kleine „G'wölb" im Keller bei einem Jubiläum, einer Familienfeier oder einem Firmenfest bevölkern. Die Getränkekarte bietet eine große Auswahl an österreichischen und italienischen Spitzenweinen oder Edelbränden. Der exklusive Gastgarten mit Wandgemälden toskanischer Landschaften und einem kleinen Zierteich lässt sich überdachen und somit das ganze Jahr nutzen. „Unser Ziel ist es, die Gäste ein bisschen in Urlaubsstimmung zu versetzen." Dazu bietet das Monte Verde nicht nur italienisch-mediterrane Gerichte mit viel Fisch, der dreimal in der Woche frisch angeliefert wird, sondern auch so manches heimische Schmankerl, leicht und nach dem Angebot der Saison gekocht.

RESTAURANT MONTE VERDE
Manfred und Andrea Lenz
Hauptstraße 63, A-4040 Linz/Urfahr
Telefon 00 43 (0) 7 32 / 73 73 48
www.monteverde.at

ZENTRALE KOMMUNIKATION

Wie das Mühlviertel wieder an den Graben kam

D as Lokal hat zwar noch geschlossen, doch am Bistro-tisch kosten die neuen „Wirte und Chaoskapitäne" der jungen Gastwirtschaft, Stefan Schartlmüller, Pierre Jean Levassor, Bernhard Preslmayer, Christian Tichy und Stefan „Doo" Dorfner, Annas Powidltascherl. „Beim Powidl fehlt a Schok'lad'", sagt Stefan Schartlmüller, den es vor einigen Jahren aus den Soziologieseminaren in die Linzer Innenstadt trieb, um dort all jene Teile der Gesellschaft, die auf echte, gesunde und regionale Küche stehen, glücklich zu machen. Dunkle Schokolade wird es sein, sagt Anna.

In der nächsten Probierschale ist Doos Mühlviertler Bio-Schweinefilet im Basilikum-Brotmantel, dem, so die einhellige Meinung der Masterminds des Gemeinschaftsprojekts, gar nichts fehlt.

„Zum Kochen brauchst du Leidenschaft", sagt Bernhard. „Wenn dann das Ambiente auch noch stimmt, passt's." Das stimmt hier nicht nur im Winter, wo man ganztags zwischen alten Mauern und moderner, selbstgebauter Holzarchitektur gemütlich schlemmen kann, sondern auch im Sommer, wenn im Gastgarten die Kräuter und Tomaten wachsen, die diese junge, frische Wirtshausküche braucht. Das Slow-Food-Konzept wirkt auf alle Bereiche. „Allen Menschen, die hier sind, egal ob als Mitarbeiter oder Gäste, soll es gut gehen. Auch wenn wir damit nicht wirklich reich werden." Erfolgreich jedoch schon, immerhin ist der Wirt am Graben, nach dem benachbarten Spirali, bereits das zweite Lokal des Mühlviertler Gastwirtsohns.

Pierre Jean Levassor betreut als gelernter Touristiker die Gäste und sein Team mit viel Feingefühl. „Ich sehe ein solches Lokal auch als Ort der Kommunikation und als einen Platz, an dem man es sich rundum gut gehen lassen kann."

Schon jetzt beziehen sie die meisten Produkte von regionalen Erzeugern, selbst die Tees liefert eine Mühlviertler Kräutergenossenschaft. Ziel ist es, diese Zusammenarbeit „in Richtung 100% auszubauen, und so einen Beitrag zu einem wieder engeren Bezug zwischen dem Menschen und seinen Lebens-Mitteln zu leisten."

WIRT AM GRABEN
Graben 24, A-4020 Linz
Telefon 00 43 (0) 7 32 / 77 29 75
www.wirtamgraben.at

Pierbacher Saibling in der Mohnkruste mit Kalbskopf-Bohnenkompott
Dieses Rezept finden Sie auf der Seite 106

DAS GENUSSPARADIES

Schwerpunkt Wein

Eigentlich ist der Weinturm eine klassische Vinothek, ein Getränkefachhandel mit eintausend verschiedenen Weinen. „Wir führen natürlich Weine aus der ganzen Welt", sagt Jürgen Penzenleitner, der im Jahr 2009 Weinturm Spirits & More übernahm, „der Schwerpunkt liegt jedoch auf den wunderbaren österreichischen." Dazu gesellen sich in den Regalen noch weitere flüssige Genüsse, Champagner nämlich, Sekt und Spirituosen. Dreitausend an der Zahl.

Ein Paradies, in dem man sich leicht verirren könnte, wäre da nicht Alfred Koppler, „Barmann des Jahres 1999" (Gault Millau), der mit seinem versierten Team die Kundschaft sicher zur perfekten Quelle führt. Professionelle Beratung ist dem Firmenchef nämlich ebenso wichtig wie die Qualität der Produkte. „Neben Topprodukten für den Spirituosen-Klassikliebhaber bieten wir auch Ungewöhnliches, Dinge, die nicht jeder hat." Dazu gehört der katalanische „Gin Mare", der mit mediterranem Charme punktet. „Unsere Klientel sucht immer etwas ‚Meer'", verrät Alfred Koppler mit einem Augenzwinkern. Den trendigen Gin Mare genieße man am besten mit dem Fever Tree Mediterranean Tonic.

Am Puls der Zeit bleiben auch die Eigenkreationen. Derzeit reift in der Destillerie Bowmore auf der „Isle of Islay" ein Whisky, der sein dreizehntes und letztes Lagerjahr in einem Barriquefass verbringt, das einst den berühmten Cuveé Rosenberg des Weinguts Gerhard Markowitsch aus Göttelsbrunn gebar. Durch das Rosenbergfinish erhält der Whisky seine kaminrote Farbe, sowie rauchige Vanille- und Beerenaromen. Mittlerweile ist dieses Fass wieder in Österreich. Die Mühlviertler Brauerei Hofstetten lagert darin ein Granitbockbier. „Es ist ein Experiment. Wir sind gespannt, was sich daraus ergibt."

Wie man hört, entwickelt sich dort etwas ganz Besonderes. Und so wird diesem Bier wohl bald Einlass gewährt in den Weinturm Spirits & More. Dürfte es doch das Hauptkriterium dafür mit Leichtigkeit erfüllen: „Jedes einzelne Produkt ist auf höchstem Niveau."

WEINTURM SPIRITS & MORE
Kaarstraße 11, A-4040 Linz
Telefon 00 43 (0) 7 32 / 73 10 14
www.weinturm.at

DIE GASTLICHKEIT DES LEUTGEBS

Typisch österreichisch

Wie ist es wohl in Linz um die gute österreichische Gastlichkeit der klassischen Art bestellt? Jene gepflegt-muntere Stimmung, die Familien verbreiten, am Sonntag, im sommerlichen Gastgarten unter ausladenden Kastanienbäumen? Jene Geborgenheit von Eckbänken vor dunklen Holzpaneelen, jenes leichtlebige Geplauder unter barocken Stuckgewölben mit Blick zum barocken Palais – gibt es sie noch? Aber ja doch, im Stieglbräu zum Klosterhof.

Tritt man vom lebenssprühenden Schanigarten ins jugendliche Stieglitz ein, in dem auch Live Konzerte stattfinden, duftet es oft nach Wiener Backhenderl. Überhaupt ist die Wiener Küche hier sehr präsent. Zwiebelrostbraten, Schnitzel und Kaiserschmarrn, Strudel in den Variationen Apfel, Topfen und Milchrahm sind ebenfalls Wiener Abstammung.

In einem Haus mit dieser Geschichte irgendetwas anderes zu servieren, wäre auch ein glatter Stilbruch. Im 16. Jahrhundert als adeliges Freihaus erbaut, wurde es später das Absteigequartier des Abtes von Baumgartenberg. Zur Zeit Kaiser Josefs II. brachte das Stift Kremsmünster hier eine öffentliche Bibliothek unter. Das Blaue Zimmer mit 60 Sitzplätzen im ersten Stock ist letztlich Resultat eines Umbaus des Flurs zu einem Lesezimmer. Nicht nur im Prälatenstüberl kann man unter originalen spätbarocken Stukkaturen stilvoll speisen oder Feste aller Art feiern, auch in der eleganten Aula, dem ehemals offenen Säulengang mit Blick auf den neuen Dom, im Wappenzimmer oder im Diana-Stüberl. Für insgesamt 650 Gäste ist Platz im Innenbereich, während im Gastgarten – dem „Balkon" vieler Linzer – sogar 1500 Menschen verpflegt werden können. Johann und Edith Dobersberger bedanken sich bei ihren Gästen gerne mit Einladungen zu Konzerten und lassen die Orchester am liebsten im Freien aufspielen. „Ich verstehe mich als Leutgeb", sagt Johann Dobersberger.

So gut, so alt, dass sie schon wieder ganz neu ist, die klassische österreichische Gastlichkeit, in der der Wirt noch „Leutgeb", also „den Leuten geben" hieß.

STIEGLBRÄU ZUM KLOSTERHOF
Edith & Johann Dobersberger
Landstraße 30, A-4020 Linz
Telefon 00 43 (0) 7 32 / 77 33 73
www.klosterhof-linz.at

SAGENHAFT

Hausmannskost vom Spitzenkoch

Mühlviertler Erdäpfelrahmsuppe
Dieses Rezept finden Sie auf der Seite 107

Eine mutige Edeldame und ein hungriger Magen treffen auf einen leidenschaftlichen Koch – und das nächste Kapitel in der Sage um ein Linzer Traditionsgasthaus wird geschrieben. Das Gasthaus „Zur Eisernen Hand" erfreut unter der Führung von Christian Schimpl, laut Eigenbeschreibung „Chef, Chefkoch und Knecht", und seiner Frau Manuela die Besucher durch die Verbindung von traditioneller mit frischer, junger Küche. „Tradition, Preis-Leistung und Bodenständigkeit waren uns wichtig", sagt Manuela Schimpl. „Um dies zu verwirklichen, haben wir uns 2009 entschlossen, das alteingesessene Gasthaus zu übernehmen."

Hausmannskost steht auf der Mittagskarte. Die Biertafel beim Eingang mit der Tagesempfehlung verkündet etwa einmal im Monat, dass der Küchenchef seine hausgemachte Sulz fertig hat. Im April steht oft eine Bärlauchspezialität drauf, im Mai Spargel. Geröstete Leber, Beuschl oder Ofenbratl sind Überraschungen, für die die Linzer ebenfalls gerne das gemütliche Kaminstüberl mit dem großen Kachelofen, die große Gaststube, das Nebenstüberl oder das kleine Stüberl besuchen. Eine Reservierung ist daher empfehlenswert. In der warmen Jahreszeit erwartet ein Gastgarten mit Weinlaube und Nussbaum Hungrige durchgehend bis zwei Stunden vor der Sperrstunde um Mitternacht.

Für Feste und Veranstaltungen stellen die beiden Chefs nicht nur ihre Räumlichkeiten zur Verfügung, sondern sie beraten und organisieren auf Wunsch auch. Viele der zahlreichen Mittagsstammgäste kommen jeden Mittwoch, wenn es Cordon Bleu gibt, oder am Donnerstag, denn da ist Bratltag. Der Spitzenkoch bewirtet aber auch viele Sportler, die den großen Nichtraucherbereich und Vitalkost schätzen.

Nostalgiker kommen nicht nur wegen der Sagen auf ihre Kosten, die sich um das Haus und den eisernen Handschuh auf der Fassade ranken. Soll der doch von einem Edelfräulein stammen, das damit einen grimmigen Hund fütterte. Wenn Fans von Geschichte und Geschichten das Ritteressen vorbestellen, können sie die alte Zeit sogar schmecken.

GASTHAUS „ZUR EISERNEN HAND"
Eisenhandstraße 43, A-4020 Linz
Telefon 00 43 (0) 7 32 / 77 01 82
www.gasthaus-eisernehand.at

OPEN-MINDED CRAZY COOKED LOVE

Ideenreich und ausgefallen

Die Liebe des Johannes Eidenberger ist skandinavischer Abstammung. Sie wechselt täglich. Weil es sie in dieser Form, so weltoffen und verrückt, nur hier gibt, im wunderschönen Altstadtviertel von Linz, teilt er sie gerne mit den Gästen des CØOK.

Vom Studenten bis zur pensionierten Regierungsrätin lassen sich in der ehemaligen Kapelle eines alten Linzer Bürgerhauses Verführungswillige auf eine Affäre mit seinen schwedischen, hin und wieder auch asiatisch, kreolisch oder spanisch parfümierten Gaumenfreuden mit Namen wie „Plankstek Kött" ein. Der passionierte Koch verquickt sie, nach langjähriger Ausbildung unter anderem in Schweden, in der winzigen Schauküche zu wahren Zungenschmeichlern.

Lässig schafft Christoph Schulz sie dann herbei, schiebt die „Pionierpflänzchen", kleine Tischkunstwerke von Claudia Czimek, etwas beiseite, um Platz zu schaffen für das Eichenholzbrett oder gar den Samowar, der auf Wunsch auch das selbst gemachte Ginger Ale erhitzen kann. Ausgefallene, beinahe schon ausgestorbene Delikatessen, wie Steckrüben oder Haferwurz kommen in den Gerichten zu neuen Ehren, manchmal sogar typisch oberösterreichische Speisen, wie die Mehlknödel. „Ich stehe in Kontakt mit den Produzenten und beziehe auch meine Raritäten, wie Yakonwurzeln, von einem Bauern der Umgebung, der etwa zweihundert Gemüsesorten biologisch anbaut." Schwedische Hausmannskost ist unserer nicht unähnlich, nur hat sich dort viel erhalten, was hierzulande längst verloren ging.

Johannes' verrückt gekochte Liebe tanzt übrigens je nach Laune des Kochs, zu Reggae, zu Hardcore-Klassik oder fast jedem anderen Musikstil aus den Boxen, je nachdem, wonach dem Kreativen gerade der Sinn steht.

Da seit der Neuübernahme des Duos im September 2011 zu den verbliebenen noch viele neue Stammgäste dazugekommen sind, ist eine Reservierung ratsam. Damit man auch ganz bestimmt selbst testen kann, ob das „Salz der Seefahrer", die Anchovis, im Wallenbergare unser Kalbsbutterschnitzel noch erahnen lässt.

CØOK
Klammstraße 1, A-4020 Linz
Telefon 00 43 (0) 7 32 / 78 13 05
www.cook.co.at

Schwedische Fischsuppe
Dieses Rezept finden Sie auf der Seite 107

HIER GEHT ES NUR UMS ESSEN

Spitzenkoch in der Kantine

Hendlbrust mit Tomaten und Mozzarella in knuspriger Cornflakespanier
Dieses Rezept finden Sie auf der Seite 108

Jeden Freitagabend erhält Manfred Günther ein E-Mail von seinen Lieferanten. Und dann entscheidet sich, worauf die Besucher der Kantine im Rot-Kreuz-Einsatzzentrum in Linz sich nächste Woche freuen können. Forelle, Schulterscherzl mit Serviettenknödel, Bierbratl mit warmem Krautsalat, für Vegetarier etwa Gemüse-Käseknödel mit Currydip oder doch lieber Süßes wie Marillenknödel?

„Manche meinen, ich bin penibel", sagt der Chef, der schon für die schwedische Königin den Kochlöffel schwingen durfte. Manfred Günther ist ein in österreichischen Gourmetführern und vom Fernsehen bekannter Name. Seine Kreationen wurden jahrelang mit zwei Hauben gekrönt. Doch es kam die Zeit, da wollte er ein familienfreundlicheres Leben führen. Das Angebot, die Kantine im obersten Stockwerk der Einsatzzentrale des Roten Kreuzes zu führen, kam da gerade recht. Ein geregelter Betrieb, in dem er dennoch seiner größten Leidenschaft, dem Kochen nach Gefühl auf hohem Niveau, nachgehen kann. „Mein Beruf holt mich aus dem Alltag heraus."

Außerdem reizt ihn dabei die Herausforderung, aus preisgünstigen Grundprodukten das Beste herauszuholen. „Ein g'scheites Gericht besteht immer nur aus g'scheiten Grundprodukten. Aber die müssen nicht unbedingt teuer sein." Und so verarbeitet er hier andere Fleischprodukte als früher. Aus preiswerten, in der gehobenen Gastronomie stiefmütterlich behandelten Zutaten entstehen gesunde, fettreduzierte Mittagsgerichte. „Hier geht es wirklich ums Essen – es kocht der Chef." Viele Salate, Strudel, Knödel, Gemüse und Kartoffelgerichte warten, köstlich zubereitet, wenn der Hungeralarm ertönt. Nicht von ungefähr finden sich seine Rezepte auch in Johann Lafers Naturküche-Kochbuch.

Neben dem Kantinenbetrieb, der übrigens für alle Besucher offen ist und den Gästen zusätzlich einen tollen Weitblick auf die Mühlviertler Berge gestattet, bietet Manfred Günther auch erstklassiges Catering mit warmem oder kaltem Buffet sowie einen Brötchenservice für Festlichkeiten aller Art an.

MANDI „S" KANTINE
Körnerstraße 28, A-4020 Linz
Telefon 00 43 (0) 7 32 / 76 44 670
Mobil 00 43 (0) 6 99 / 11 80 70 50
www.mandis-kantine.at

DES MEISTERS SCHÖNSTER LOHN

Ehrfurcht vor dem Produkt

Eine hochklassige, aber verständliche Küche wird in diesem edlen Restaurant mit den wunderbaren Gastgärten hoch über Linz auf zwei vollkommen getrennten Ebenen abends serviert. Da ist der Schlemmertempel der Haute Cuisine im schick-urbanen Ambiente mit internationaler Fusion-Küche. Und zum anderen die rustikale Einkehr, für die Erich Lukas ebenso aufwendig kocht, die aber mit anderen Grundprodukten stilistisch wie preislich im Rahmen des Bodenständigen bleibt. „Man muss Ehrfurcht vor dem Tier haben, und das hat eben nicht nur Edelteile", sagt der vom Gault Millau mit drei Hauben ausgezeichnete Chef des Verdi. Nur die Qualität muss stimmen, weswegen der Verfasser des Kochbuchs „kalt/warm oder die lizenz zum kochen" rät: „Besser ein Huf vom guten Rind, als ein Lungenbraten aus schlechter Haltung."

Auf beiden Ebenen bemüht sich der uneitle Spitzenkoch die Vorstellungen der Gäste zu erfüllen. „Ich bin niemand, der anderen vorschreibt, was ihnen zu schmecken hat." Dennoch bringt er neue Geschmackserlebnisse auf die Teller, zuweilen auch, weil seine Küche stark vom saisonalen Angebot der Märkte abhängig ist, auf denen er selbst täglich seine Zutaten einkauft. Da kombiniert er dann und wann Eierschwammerl-Cannelloni mit frischen Krebsen und gefüllte Minikohlrabi mit Babyhummer oder wickelt Bauernblunzn in Frühlingsrollenteig, bevor er dem Mostguglhupf die Glühweinschaumkrone aufsetzt. Einen großen Koch, so meint Erich Lukas, mache die Leidenschaft aus. „Kontinuität und Ausdauer sind aber fast ebenso wichtig." Und genau dies stellt er gemeinsam mit seiner Frau Helga, die die Gäste betreut, seit vielen Jahren unter Beweis, denn seit seinem 22. Lebensjahr führt er den elterlichen Betrieb. Sohn Philipp hat sowohl die Leidenschaft als auch den sensiblen Gaumen geerbt. Ganz hat er also den Experimenten nicht abgeschworen, doch sie müssen reifen, bevor er sie den Gästen anbietet. „Nur wenn sie absolute 1a-Qualität haben, kommen sie auf die Karte. Denn Lob ist der schönste Lohn am Ende des Tages."

VERDI RESTAURANT & EINKEHR
Erich Lukas
Pachmayrstraße 137, A-4040 Linz
Telefon 00 43 (0) 7 32 / 73 30 05
www.verdi.at

MUSIK GEHÖRT ZUM WEIN

Sonderwünsche mit Zugaben erfüllt

Zuweilen, wenn es etwas stiller wird im nicht allzu großen Speisesaal und wenn Genießer im noch kleineren Schankbereich die Zigarette anzünden, schleicht eine Trompetenmelodie einsam aus der kleinen, für Feste technisch perfekt ausgestatteten Disco über die Terrasse hinaus in das Engtal des Schmiedgrabens.

Die Menschen im äußerlich eher unscheinbaren Gasthaus sind dann satt von Kalbswienerschnitzel, Grammelknödeln, Apfelstrudel oder Marillenmarmelade-Palatschinken. Oder von einer Lieblingsspeise, die gar nicht auf der Speisekarte steht, denn Renate Bachlechner erfüllt, wenn es ihre Zeit erlaubt, auch Sonderwünsche. „Jeder Gast hat eben bestimmte Vorlieben, auf die wir, so möglich, gerne eingehen."

Alles ist köstlich. Alles ist hausgemacht. Insider wissen das längst und obwohl dazu auch berühmte österreichische Schriftsteller, Künstler, Meinungsmacherinnen, hochkarätige Politiker und Wirtschaftstreibende ebenso zählen, wie Bauern und Arbeiter aus der Umgebung, konnte das Gasthaus Schmiedgraben bis heute seinen Status als Geheimtipp bewahren. Wenn Andreas Bachlechner, ein hervorragender Musiker, sein Ständchen auf der Trompete beendet hat, stößt er schon einmal an mit dem Besten, was sein Weinkeller zu bieten hat. „Der Bogen spannt sich von den Spitzenwinzern der Wachau zu den berühmtesten Rotweinwinzern des Burgenlands, verlässt über die Steiermark Österreich, geht über Italien und Spanien bis Bordeaux, springt über den Großen Teich nach Kalifornien, bevor er über Südafrika zurückkehrt."

Nicht immer ist es ein einsamer Trompetenton, der erklingt. Manchmal begleitet der Generaldirektor a.D. der oberösterreichischen Raiffeisenbank, Dr. Ludwig Scharinger, den sensiblen Wirt. Und einmal im Jahr feiert der Jägerstammtisch auf der Wiese unter der Terrasse die Jägermesse. Da zieht beim Schein von Fackeln der Klang der zwanzig Jagdhörner über die Wipfel der Fichten hinauf nach Altlichtenberg. „Es ist für das hiesige Publikum", sagt Herr Bachlechner. „Aber man darf es schon verraten." Man darf zwar. Doch sollte man?

GASTHAUS ZUM SCHMIEDGRABEN
Renate und Andreas Bachlechner
Schmiedgraben 13, A-4040 Linz
Telefon 00 43 (0) 72 39 / 62 18
schmiedgraben@aon.at

TRADITIONELLE WIRTSHAUSKULTUR

Keine Ananas zum Schnitzel bei den k.u.k. priv. Feuerschützen

Noch 1881 knallten jeden Monat Schüsse vom nahegelegenen Steinbruch und schreckten die Spatzen in den Kastanienbäumen vor dem Vereinslokal der kaiserlichen Feuerschützen auf. Damals beendeten die uniformierten Edelleute die Schießübungen am äußersten Rand der Stadt mit Bier, Wein oder Most in ihrer „Schießhalle". Bereits zehn Jahre später wurde daraus ein öffentliches Wirtshaus. Noch heute kann man in dem laut Publikumswahl der Oberösterreichischen Nachrichten „allerschönsten Gastgarten von Linz", österreichische Küche in ihrer klassischsten Form genießen. Im Sommer ist der große Garten mit viel Naturschatten unter den prächtigen alten Bäumen ein Hauptanziehungspunkt für die Städter.

Die Wirtsstuben und Stüberl vermitteln die passende Atmosphäre mit Paneelen und Holzdecken, dem Porträt Kaiser Franz Josefs und einer Kredenz wie aus Großmutters Küche. Hubert Harrer, der aus dem Managementbereich kommende Wirt, ist gebürtiger Steirer und das merkt man der gutbürgerlichen Küche an. Kernöl begleitet Eierspeis, Kürbiskernpanade umhüllt Topfenknödel und das Backhendl ist bereits als solches eine steirische Spezialität.

Aber das ist nur eine Facette des Konzepts, an dem ihm so viel liegt. „Wir möchten die österreichische Wirtshauskultur aufrecht erhalten. Ohne Schnickschnack. Fisch zum Beispiel kommt nur aus österreichischen Gewässern, und wir kochen ausschließlich nach österreichischen Rezepten." Absolut kompromisslos bietet die häufig wechselnde Speisekarte zum Beispiel Spargel und Erdbeeren nur dann an, wenn sie frisch aus dem nahen Leonding kommen. Auch ausgefallene Spezialitäten wie den oberösterreichischen Leberschädel kann man hier zuweilen kosten. Die hervorragende öffentliche Verkehrsanbindung mit der Innenstadt macht es den Linzern einfach, die traditionelle Wirtshauskultur unverfälscht zu genießen und hin und wieder sogar das Tanzbein zu schwingen. Oder die Live-Musiker um ein Ständchen zu bitten. Ein Ort zum Essen, Feiern, Tarockieren. Und zum Ausruhen nach einem Streifzug durch die Wiesen und Wälder der Umgebung.

WIRTSHAUS ZUR SCHIESSHALLE
Hubert Harrer
Waldeggstraße 116, A-4020 Linz
Telefon 00 43 (0) 7 32 / 65 52 90
www.schiesshalle.at

TEMPEL DER GASTLICHKEIT

Szenetreff mit allem Drum und Dran

Josef Erdäpfelkäse mit Saiblingskaviar
Dieses Rezept finden Sie auf der Seite 108

Gute Laune ist im Josef Stadtbräu im Zentrum von Linz überall spürbar. Und das beinahe rund um die Uhr. Nicht nur, wenn der DJ die Party rockt, an der Bierbar der Braukessel dampft oder auf der Bühne vor der großen Vidiwall Österreichs Live-Acts stattfinden. Sondern auch in den intimeren Winkeln des weiträumigen Lokals mit Platz für insgesamt 450 Gäste. Kleine Runden feiern im Extrastüberl, große Feste breiten sich bei schönem Wetter bis in den Biergarten aus, in dem bei Kerzenschein zu den typisch österreichischen Wirtshausgerichten mit dem Hausbier angestoßen werden kann. Die beiden österreichischen Gastro-Legenden Günter Hager und Rudi Grabner, vielfach ausgezeichneter Meisterkoch, entwickelten gemeinsam die Hausspezialität „Josef Wirtshaustapas". Das sind kleine Portionen von Klassikern der Wiener und der regionalen Küche. In ganz kleinen Rationen serviert, formieren sich etwa Backhenderlhaxerl, Grammelknöderl, Vanillebuchterln zu Menüs mit beliebig vielen Gängen. Dazu passt der Inhalt der Josef Vinothek mit dem Besten, was Österreichs Winzer zu bieten haben.

Auch um die gute alte Wiener Kaffeehauskultur kümmert sich Günter Hager und lässt im „Kaufmanns" ausgebildete Barista Kaffeespezialitäten zubereiten. Der Name des Kaffeehauses weist auf das angeschlossene Konferenzzentrum „Palais Kaufmännischer Verein" hin. Eines der wesentlichen Merkmale guter österreichischer Wirtshaustradition ist es, dass immer einer der Wirtsleute anwesend ist. Und auch dies ist im Josef gewährleistet. Sollte Vater Hager gerade in seinem Lieblingsland Tibet Sozialprojekte, wie Waisenhäuser für tibetische Flüchtlingskinder, unterstützen, sind Sohn Andreas oder Gattin Monika eben länger vor Ort.

Die Achtung vor dem Buddhismus wirkt sich auch gastronomisch aus. Denn das Josef soll auch ein Ort des Wohlfühlens und Loslassens sein, wo einander mit Respekt und Liebenswürdigkeit begegnet wird, so der Wirt, der den Dalai Lama schon mehrmals persönlich treffen durfte.

„JOSEF"
RESTAURANT – VINOTHEK –
CAFÉ – BRAUEREI – SZENEBAR
Günter W. Hager
Landstraße 49, A-4020 Linz
Telefon 00 43 (0) 7 32 / 77 31 65
www.josef.eu

WILDER WEIN UND VIEL GRÜN

Heimelige Atmosphäre am Stadtrand

Ja, es hat ihn tatsächlich einmal gegeben, den Weinhauer samt Heurigen, von dem der Gasthof im Süden von Linz noch seinen Namen hat. Der „Hauermandl" ist mittlerweile ein gutbürgerlicher Gasthof mit warmen und kalten Gerichten. Seit zwanzig Jahren in den Händen Josef und Andrea Rechbergers, wuchs er zu einem Refugium mit Persönlichkeit – mit verwinkelten Stuben, Holz, alten Paneelen und Fotos aus jenen Tagen, in denen das Haus als Bahnhofswirtshaus erbaut wurde.

Anno 1898 war das, und schon damals wussten lebensfrohe Linzer die Umgebung im Grünen zu schätzen. In nur zehn Gehminuten erreichen sie von hier aus das Naherholungsgebiet Pichlinger See und so treffen Taucher, Schwimmer, Spaziergänger und Radler im Hauermandl auf die einheimischen Stammgäste. Wanderer machen Rast, Familien feiern im wohnzimmergroßen Pichlinger Stüberl Muttertag oder Erstkommunion, Firmen laden Mitarbeiter und Kunden in den Gastraum, dessen Tischordnung Andrea Rechberger ganz flexibel gestalten kann.

Die heimelige Atmosphäre können vor allem Übernachtungsgäste voll auskosten. Die Zimmer im neuen Zubau sind barrierefrei und haben kleine Terrassen. Im alten Trakt kann man sich unter Mansarden kuscheln.

Josef Rechberger, Gastwirt mit Leib und Seele, steht am Herd. Eigentlich wollte er einen kleinen Betrieb. Doch der wuchs. „Man sieht", sagt Andrea Rechberger, „dass es nicht auf einmal fertig dastand, sondern sich entwickelte. Das macht es gemütlich." Wenn einmal Not am Mann ist, springt Tochter Kerstin ein und steht den Eltern zur Seite.

Der Wein klammert sich nach wie vor ans Hauermandl, rankt sich an der Mauer entlang und beschattet auch den hübschen Gastgarten. Die gutsortierte Weinkarte würdigt ausschließlich österreichische Rebensäfte. Diese harmonieren auch am besten mit der traditionellen Hausmannskost, mit Backhenderl, Surschnitzel, Knödeln. Mit Fisch und dem Wild, das Josef Rechberger, wie so manche süße Köstlichkeit, etwa Marillenknödel oder Erdbeer-Rhabarber Palatschinken, nach Saison anbietet.

GASTHOF ZUM HAUERMANDL
Josef & Andrea Rechberger
Oidenerstraße 98, A-4030 Linz
Telefon 00 43 (0) 7 32 / 32 02 13
www.zum-hauermandl.at

Spargel Cordon Bleu
Dieses Rezept finden Sie auf der Seite 109

NEKTAR DES LEBENS

Im Reich der Königinnen

Nur einmal in ihrem Leben fliegt die Königin aus und tanzt schwerelos mit ihren bis zu 20 Drohnen, bevor sie in den Stock zurückkehrt und ihr Regiment antritt. Fortan wird sie dort etwa 5 Jahre lang in der Hochsaison bis zu 2000 Eier legen. Und zwar jeden Tag. Im Imkereizentrum können Besucher in einem Schaukasten das emsige Treiben eines Bienenstaats beobachten. Aus dessen Waben schleudert der Imker eines der köstlichsten Naturprodukte der Welt: reinen Honig, der keiner weiteren Behandlung bedarf, um in Gläser gefüllt und aufs Brot geschmiert zu werden.

Es braucht gar nicht viel, um selbst ein Bienenvolk zu betreuen und den Ertrag zu genießen. Hier, beim Dachverband der Bienenzüchter, gibt es nicht nur das passende Jungvolk samt Königin zu kaufen, sondern auch eine Imkerschule, wo erfahrene Fachleute, wie Imkermeister Fritz Gallistl, Antwort auf alle Fragen geben.

Neben der Akademie, der Zucht und der Imkerei überprüft und sichert der 1890 gegründete oberösterreichische Imkereiverband in seinem Labor die Qualität der Produkte seiner Mitglieder.

Der Musterbetrieb, geleitet von Mag. Maximilian Liedlbauer, stellt selbst köstliche Spezialitäten aus Honig, Propolis und Bienenwachs her. Neuerdings erfreut sich Honigwein zunehmender Beliebtheit. Das liegt auch daran, dass es gelungen ist, das süße Gewürzgetränk auf unterschiedliche Arten zu veredeln, sodass Met mittlerweile auch wie Wein serviert werden kann.

„Echten, guten Honig erkennt man daran, dass er immer anders aussieht und immer anders schmeckt, je nach den klimatischen Bedingungen des Jahres", so Laborleiterin Susanne Wimmer. „Auch das Kristallisieren ist ein Zeichen von Echtheit."

Über das Herkunftssiegel kann der glückliche Konsument, der im Imkerhof in der Linzer Altstadt oder im Hofladen des Imkereizentrums Honigwaren einkauft, der Königin, in deren Reich sie erschaffen wurden, die Reverenz erweisen.

Käse-Honigaufstrich und Metbirne
auf Honigbierbaguette
Dieses Rezept finden Sie auf der Seite 109

IMKERHOF
Ulrike Hofer
Altstadt 15, A-4020 Linz
Telefon 00 43 (0) 7 32 / 77 17 09
www.imkereizentrum.at

REZEPTE

BEEF TATAR
Börserie, Seite 68

ZUTATEN FÜR 1 PERSON
*100 g Rinderfilet, 1 mittelgroßes Essiggurkerl, 5 Kapern,
1 kleine Zwiebel, 1 EL Ketchup, 1 TL Senf , Salz , Pfeffer ,
1 Messerspitze Paprikapulver, 1 EL Trüffelöl, 1 cl Weinbrand
3 Scheiben Toastbrot, 1 Wachtelei , 25 g Rucola, 2 Cherrytomaten, 10 g Butter*

ZUBEREITUNG
Rinderfilet, Gurkerl, Kapern und Zwiebel fein hacken.
Ketchup, Senf, Gewürze, Trüffelöl und Weinbrand mit
dem fein Gehackten vermengen.
Rucola auf dem Teller verteilen. Cherrytomaten vierteln.
Zwei Toastscheiben mit einem Ring ausstechen. Eine
Toastscheibe sowie Butter à part dazugeben. Eine ausge-
stochene Toastscheibe in der Mitte des Tellers platzieren.
Das Beef Tatar auf dem Toast anrichten und mit der
zweiten Toastscheibe zudecken. Das warme, angebratene
Wachtelei darauf platzieren. Mit den Cherrytomaten
garnieren.

DONAUZANDERFILET, GEBRATEN, AUF BALSAMICO-SCHALOTTEN UND KRÄUTER-KARTOFFELPÜREE
ARCOTEL Nike Linz, Seite 70

ZUTATEN
*700 g frisches Zanderfilet, 400 g Kartoffeln, 100 ml Milch,
100 ml Obers, 50 g Butter, 50 g gemischte Kräuter
(z.B. Petersilie, Basilikum, Kresse), 200 g Schalotten,
40 g Zucker, 60 ml Portwein, 125 ml Balsamico
(schwarz), Sojasauce, Zitronensaft, 30 ml Olivenöl,
Salz, Pfeffer, Muskat, Kürbis und Dill zur Dekoration*

ZUBEREITUNG
Die Kartoffeln schälen, vierteln, dann weich kochen.
Wenn sie durch sind, das Wasser abschütten. Die Kartoffeln danach noch heiß pressen, entweder stampfen oder
durch die „Flotte Lotte" passieren.
In einem Topf Milch und Obers mit Salz, Pfeffer und Muskat nach Geschmack erhitzen. Die Kräuter, waschen, putzen und fein hacken. Den heißen Kartoffelbrei mit dem
heißen Milchobers, sowie mit 40 Gramm Butter und den
Kräutern verrühren.
Die Schalotten schälen und vierteln. Den Zucker in einem
Topf schmelzen und karamellisieren lassen, dann die restliche Butter zugeben und mit Portwein und Balsamico
aufgießen. Etwas einreduzieren lassen. Wenn die Sauce
zähflüssig wird, die geviertelten Schalotten zugeben und
durchziehen lassen, eventuell mit etwas Sojasauce verfeinern.
Den Zander portionieren, salzen und mit Zitronensaft
beträufeln. In einer Pfanne Olivenöl stark erhitzen, den
Fisch auf der Hautseite goldbraun braten, wenden, die
andere Seite nur kurz anbraten und den Fisch dann anrichten.
Für die Dekoration schneidet man Muskatkürbis in dünne
Streifen. In einer Pfanne Öl erhitzen, die Kürbisstreifen
darin hell frittieren, danach auf Küchenkrepp trocknen.
Mit Dill und Muskatkürbisstroh dekorieren.

POLLO & POLPO
Mondigo, Seite 72

ZUTATEN
POLPO

*1 frischer Oktopus, ca. 1 kg schwer, 125 ml Weißwein,
1 Lorbeerblatt, 1/2 TL Senfkörner, 1 kleine Chilischote*

POLLO

*2 Hühnerfilets, 2 Eier, 2 Handvoll Mehl, 2 EL Sesam, weiß,
500 ml Cornflakes*

ROSMARINKARTOFFELN

*10 kleine Kartoffeln, 50 g Butter, Rosmarin, 2 Knoblauch-
zehen*

SALAT

*Gemischte Blattsalate nach Belieben (z.B. Radicchio,
Frisée, Eisbergsalat), Saft von 2 Limetten, Akazienhonig,
Olivenöl, Salz*

ZUBEREITUNG

In einem Topf Wasser erhitzen, salzen, den Weißwein, ein Lorbeerblatt, die Senfkörner und die Chilischote dazugeben und den Oktopus darin etwa 1 Stunde leicht köcheln lassen, bis er weich ist. Anschließend den Oktopus unter fließendem Wasser reinigen und von der losen Haut und den großen Saugnäpfen befreien. Auskühlen lassen.
Die Hühnerfilets in fingerdicke Streifen schneiden. Den ausgekühlten Polpo ebenfalls in etwa gleich dicke Stücke schneiden. Für die Panade zwei Eier verquirlen. Mehl zum panieren auf einen Teller geben. Die Cornflakes auf einen Teller bröseln und mit dem Sesam vermengen. Dann die Hühner- und die Polpostücke einzeln panieren. Zuerst ins Mehl geben, gut abklopfen, anschließend in die Eier tauchen und schließlich in der Cornflakes-Sesam-Mischung wälzen. In einer Pfanne Pflanzenöl erhitzen und die panierten Stücke darin goldgelb herausbacken.
Für die Rosmarinkartoffeln die möglichst kleinen, am besten heurigen Kartoffeln kochen, schälen, halbieren. In einer Pfanne die Butter schmelzen, die Kartoffel darin zusammen mit gehacktem Rosmarin bräunen. Erst zum Schluss den Knoblauch schälen und zerdrücken, über die Kartoffeln geben und mitschwenken.
Oktopus und Hühnerfilets auf einem Holzspieß mit Zitrone anrichten.
Für den Salat eine Marinade aus dem Saft der Limetten, Salz, Olivenöl und etwas Akazienhonig anrühren. Den Salat damit marinieren und die Blätter auf Tellern verteilen. Darüber die Spieße und die Kartoffeln legen.

REZEPTE

ERDÄPFELGNOCCHI IN AROMATISCHER ROTWEINSAUCE
Bigoli Bar Restaurant, Seite 74

ZUTATEN
Gnocchi, 750 g mehlige Kartoffel, 1 Ei, 1 Eidotter,
100 g griffiges Mehl (eventuell die Hälfte durch Stärkemehl
ersetzen), Salz, Muskatnuss

WEINSAUCE
1 Bouteille Rotwein (jung, taninreich, wie Tazzelenghe,
Nebbiolo, Sangiovese), 1 großer Bund (200 g ohne Stiele)
Wildkräuter (z.B. Thymian, Salbei, Oregano, Rosmarin,
Lorbeer, Melisse), 1 Knoblauchzehe, 1 Zwiebel,
150 g Butter, gut gekühlt, Salz, Pfeffer aus der Mühle

KÄSESAUCE
250 g Käse (Fontina oder Montasio), 125 ml Milch,
1 Eidotter, 2 EL Obers

ZUBEREITUNG
Die ungeschälten Erdäpfel in reichlich gesalzenem Wasser
kochen. Heiß schälen und sogleich pressen. Die restlichen Zutaten hinzufügen und zu einem Teig verkneten.
Aus dem Teig circa 1,5 Zentimeter dicke Rollen formen
und mit einer Teigkarte kurze Stücke abstechen.
Wein mit den Kräutern, der Knoblauchzehe und der
halbierten, an den Schnittflächen ohne Öl angerösteten
Zwiebel aufkochen, 15 Minuten köcheln lassen, bis sich
die Aromen entfaltet haben, die Gewürze entfernen und
den Wein reduzieren, bis er zähflüssig ist. Topf vom Herd
nehmen, die eiskalte Butter mit einem Schneebesen einarbeiten, bis die Sauce gebunden ist. Mit Salz und Pfeffer
abschmecken.
In Würfel geschnittenen Käse in der Milch einweichen
und auf Zimmertemperatur bringen, dann langsam bei
niedriger Temperatur erhitzen und (eventuell im Wasser-
bad) rühren, bis der Käse geschmolzen ist. Eidotter mit
Obers vermengen und unter den geschmolzenen Käse
rühren. Die Hitze erhöhen, bis eine cremige Sauce entsteht. Sie sollte aber nicht kochen.
Die Gnocchi in kochendem Salzwasser garen, bis sie an
der Oberfläche schwimmen. Dann abseihen, in der Wein-
sauce schwenken und anrichten. Die Käsesauce abschließend rund um die Gnocchi gießen und mit frischen Kräutern garnieren.

CALAMARI RIPIENE ALLA GRIGLIA –
GEFÜLLTE TINTENFISCHE VOM GRILL AUF RISOTTO
Restaurant Monte Verde, Seite 76

ZUTATEN
8 Tintenfischtuben Größe 20–40 oder auch U5

FISCHFARCE
*400 g Fischfilet (z.B. Zander, Forelle, Pangasius),
125 g Weißbrot, 2 Eiweiß, 110 ml Sahne, flüssig,
420 ml Sahne, geschlagen, 80 g Zwiebel gehackt,
1 EL Kräuter gehackt, Salz, Pfeffer, Schuss Zitronensaft*

RISOTTO
*300 g Risottoreis, 1 Schalotte, 2 El Olivenöl zum Andüns-
ten, 150 ml Weißwein, 600 ml Geflügelfond, 2 El Butter,
60 g Parmesan gerieben, 50 ml Sahne, Salz*

ZUBEREITUNG
Farce: Die Fischfilets in fingerdicke Streifen schneiden
und im Kühlschrank gut durchkühlen lassen.
Weißbrot entrinden, würfeln. Eiweiß und flüssige Sahne
vermengen und darüber geben, kühl stellen, durchziehen
lassen. Den Fleischwolf kühlen, die feine Scheibe einbau-
en. Fisch und Brot würzen und durch den Fleischwolf
drehen. Farce durch ein Sieb streichen, um eventuell ver-
bliebene Gräten zu entfernen. In einer auf Eis stehenden
Schüssel rühren, bis sie leicht glänzt. Geschlagenes Obers
langsam einrühren, damit die Farce locker und luftig
bleibt. Gehackte Zwiebel und Kräuter, Salz, Pfeffer und
Zitronensaft beigeben und verrühren. Wenn man möchte, kann man einige Scheiben Mozzarella und Schinken
klein würfeln und dazugeben. Um zu kontrollieren, ob
die Farce bindet, ein Probeklößchen in etwas kochendem
Wasser gar ziehen lassen.

Calamarituben mit der Farce füllen, mit Pfeffer und Salz
würzen und in der Pfanne beidseitig anbraten. Im vorgeheizten Backrohr bei 170 Grad circa 10 bis 12 Minuten
gar ziehen lassen.
Risotto: Schalotte fein würfeln und im Olivenöl bei mittlerer Hitze in einem Topf glasig dünsten. Reis dazugeben,
leicht salzen, mitschwitzen lassen, bis die Körner heiß
und glasig sind. Mit Weißwein ablöschen, einkochen
lassen und mit etwas Geflügelfond aufgießen. Unter ständigem Rühren immer wieder ein wenig nachgießen, bis
die Reiskörner weich sind, aber noch Biss haben.
Topf vom Herd nehmen, restliche Butter in kleinen Stück-
chen unter das Risotto rühren, Parmesan hinzufügen und
zum Schluss die Sahne unterheben.
Dazu passt frischer, bissfest gekochter Blattspinat.

REZEPTE

PIERBACHER SAIBLING IN DER MOHNKRUSTE MIT KALBSKOPF-BOHNENKOMPOTT
Wirt am Graben, Seite 78

ZUTATEN
FISCH
*4 Pierbacher Saiblingsfilets, 2 Eier, 2 EL Waldviertler
Graumohn, 2 EL Semmelbrösel, Mehl zum Panieren,
Olivenöl zum Braten, 1 EL Butter, Salz, Pfeffer*

KALBSKOPF-BOHNENKOMPOTT
*150 g gepressten Kalbskopf, 4 Handvoll Saubohnen,
4 Handvoll weiße Bohnen, 4 EL Balsamicoreduktion,
Olivenöl, 1 TL Tomatenmark, 1 EL Butter, Koriander aus
der Mühle, Basilikum, Salz, Pfeffer*

ZUBEREITUNG
Den Fisch putzen, wenn nötig Gräten zupfen und den
Hautlappen vom Filet abschneiden.
Eier und eine Prise Salz mit der Gabel versprudeln. Mohn
mit Semmelbröseln vermengen. Den Fisch auf beiden
Seiten salzen und pfeffern, aber nur auf der Hautseite
panieren: Ins Mehl tauchen, vorsichtig abklopfen, in das
Ei tauchen, abtropfen lassen, schließlich in die Mohn-
mischung legen und etwas andrücken, damit die Panier
kleben bleibt. Eine Pfanne auf mittlere Hitze bringen, den
Boden mit Olivenöl bedecken. Den Fisch mit der panierten Seite vorsichtig ins heiße Öl gleiten lassen, nicht
wenden. Etwa 5 Minuten braten lassen, bis er noch leicht
glasig ist. 2 Minuten vor Ende der Garzeit einen Esslöffel
Butter beigeben.

Bohnen nach Packungsbeschreibung vorbereiten. In zwei
kleinen Töpfen je einen halben Liter leicht gesalzenes
Wasser zum Kochen bringen, darin die Bohnen getrennt
blanchieren bis sie bissfest sind, beziehungsweise bis die
Saubohnen (brauchen nur einige Minuten) sich mit leich-
tem Fingerdruck schälen lassen. Schale entfernen.
Eiswürfel und Wasser in einen Behälter geben. Bohnen
abseihen und in das Eiswasser geben.
Für die Balsamicoreduktion werden 125 Milliliter Balsamicoessig auf 3–4 Esslöffel eingekocht.
Kalbskopf in kleine Würfel schneiden. Etwas Olivenöl
erhitzen, den Kalbskopf darin kurz (circa 1 Minute) anschwitzen, Bohnen beifügen, kurz mitschwenken und das
Tomatenmark beigeben. Balsamicoreduktion und Butter
dazugeben, aufkochen lassen und etwa 30 Sekunden
kochen. Zum Schluss mit Salz, Pfeffer und Koriander abschmecken. Frisch gehacktes Basilikum beifügen.
Kompott auf einen Teller geben, Fisch mit der panierten
Seite nach oben drauflegen und servieren.

MÜHLVIERTLER ERDÄPFELRAHMSUPPE
Gasthaus „Zur Eisernen Hand", Seite 84

ZUTATEN
*200 g mehlige Kartoffeln, 500 ml Rindsuppe,
250 ml Milch, 50 g Bauchspeck, 50 g Champignon,
100 g Zwiebeln, 250 ml Obers, 250 ml Sauerrahm,
1–2 Knoblauchzehen, Butter zum Anbraten, 2 Scheiben
Schwarzbrot, etwas Schnittlauch, Muskat, Majoran, Salz,
Pfeffer*

ZUBEREITUNG
Die Erdäpfel waschen und dann in einem Topf mit Wasser im Ganzen in der Schale weichkochen. Wenn sie gar sind, das Wasser abgießen. Die Kartoffel schälen und in Würfel schneiden. Rindsuppe mit Milch in einen Topf geben, die Kartoffeln beifügen und einmal aufkochen. Mit dem Mixstab kurz pürieren, sodass noch einige größere Kartoffelbrocken übrig bleiben. Man kann auch etwa ein Drittel der gewürfelten Kartoffeln vorab beiseitelegen und sie nach dem Pürieren in die Suppe geben.
Den Bauchspeck fein würfeln, die Champignons putzen und in dünne Scheiben schneiden. Zwiebel schälen und kleinwürfelig hacken. In einer Pfanne etwa 1–2 Esslöffel Butter schmelzen lassen, darin Speck, Zwiebel, sowie Champignons anbraten, bevor man diese Masse zur Kartoffelsuppe gibt. Mit Obers und Sauerrahm verfeinern und die Suppe nochmals kurz aufwallen lassen. Die Knoblauchzehen schälen, pressen und der Suppe beifügen. Mit Salz, Pfeffer, Majoran und Muskatnuss nach Geschmack würzen.
Die Brotscheiben in kleine Würfel schneiden. In einer Pfanne Butter auf mittlerer Hitze schmelzen, darin die Brotwürfel knusprig rösten und über die Suppe streuen. Zum Verfeinern schließlich noch etwas Schnittlauch klein schneiden und ebenfalls über die angerichtete Suppe streuen.
Erdäpfelsuppe ist ein klassisches, typisch österreichisches Gericht, das auch, zum Beispiel mit Krautsalat oder gemischtem Salat als Beilage, ein beliebtes Hauptgericht abgibt. Auf die erstklassige Qualität der Erdäpfel ist unbedingt zu achten, ihre Auswahl ist ein wesentlicher Faktor für den Geschmack des Gerichts.

SCHWEDISCHE FISCHSUPPE
CØOK, Seite 86

ZUTATEN
*200 g frischer Lachs, 150 g Shrimps, 2 Karotten, 1 Fenchel,
1/2 Zwiebel, 250 g Tomaten, 500 ml Fischfond,
125 ml Weißwein, 250 ml Obers, 1 EL Hummerbutter
(wenn verfügbar), 2 EL Olivenöl, Fenchelsamen, Salz,
Pfeffer*

ZUBEREITUNG
Die Zwiebel schälen und grob würfeln. Den Fenchel waschen, halbieren, vom Strunk befreien und klein schneiden. Eine Karotte schälen, grob würfeln. Tomaten waschen, grob in Stücke schneiden. Dabei durchaus auch das kernige Innere verwenden.
In einem hohen Topf 2 Esslöffel Olivenöl auf mittlere Hitze bringen und die gehackte Zwiebel, Fenchelsamen, Fenchelstücke, sowie die Karottenstücke farblos anschwitzen. Mit dem Wein und dem Fischfond ablöschen. Aufkochen lassen, dann die Tomatenwürfel beifügen. Einen Viertel Liter Wasser dazugeben, nochmals aufkochen und dann etwa 15–20 Minuten weich dünsten lassen. Obers und Hummerbutter dazufügen, kurz aufkochen lassen, dann das Ganze mit dem Stabmixer pürieren. Hummerbutter verleiht einen sehr guten, feinen Geschmack, ist aber nicht immer verfügbar, es kann in diesem Fall auch darauf verzichtet werden. Anschließend drückt man die Suppe durch ein Passiersieb, salzt, pfeffert und lässt sie auf kleiner Flamme ziehen.
Die zweite Karotte schälen und fein stifteln. Den Lachs in 1 Zentimeter große Würfel schneiden. Etwa 2 Minuten vor dem Servieren die Shrimps, Lachswürfel und Karotte in die Suppe geben und ziehen lassen. In Suppenschalen oder tiefen Tellern anrichten.
Ein Baguette im vorgeheizten Backrohr einige Minuten erwärmen und in Scheiben schneiden, die man der Suppe beilegt.

REZEPTE

HENDLBRUST MIT TOMATEN UND MOZZARELLA IN KNUSPRIGER CORNFLAKESPANIER
Mandi „S" Kantine, Seite 88

ZUTATEN
4 Hühnerbrüste à 140 g, 4 Scheiben Mozzarella à ca. 50 g, 1 Tomate, 2 Handvoll Semmelbrösel, 2 Handvoll Cornflakes, Mehl zum Panieren, 2 Eier, Butterschmalz, frisches Basilikum, Salz, Pfeffer

TOMATENNUDELN
200 g Spaghetti, 1 große Zwiebel, 1 Knoblauchzehe, Olivenöl zum Andünsten, 50 g Tomatenmark, 4 Tomaten, klein gewürfelt, Majoran, Basilikum, Salz, Pfeffer, Butter oder Obers zum Verfeinern

ZUBEREITUNG
Die Hühnerbrüste der Länge nach zu Schnitzeln aufschneiden, mit Salz und Pfeffer würzen. Tomate und Mozzarella in Scheiben schneiden und auf die Schnitzel legen. Basilikum zupfen, je Schnitzel 1–2 Blätter auflegen. Nochmals würzen und zusammenklappen. Mehl, verquirlte Eier und Semmelbrösel in drei tiefe Teller geben. Die Cornflakes zerbröseln und unter die Semmelbrösel mengen. Schnitzel in das Mehl tauchen, dann in die Eimasse und schließlich in der Bröselmischung wälzen. In einer Pfanne Butterschmalz auf etwa 170 °C erhitzen und die Schnitzel darin schwimmend goldgelb herausbacken.
Für die Tomatennudeln Zwiebel klein würfeln, in Olivenöl gemeinsam mit der Knoblauchzehe anschwitzen. Mit Tomatenmark verrühren und mit frischen Tomaten, alternativ auch mit Tomaten aus der Dose, auffüllen und gut durchkochen. Mit dem Mixstab grob pürieren, mit Salz, Pfeffer, Majoran und Basilikum abschmecken. Zum Verfeinern 1 Esslöffel Butter oder 1/8 Liter Obers beifügen.
Das Ganze über „al dente" gekochte Spaghetti geben. Die Hühnerbrust in einige breite Streifen schneiden, appetitlich auflegen und mit Tomatenscheibe und Basilikumsträußchen garnieren.

JOSEF ERDÄPFELKÄSE MIT SAIBLINGSKAVIAR
„Josef", Seite 96

ZUTATEN
500 g mehlige Erdäpfel, 1 mittelgroße Zwiebel, 1 Knoblauchzehe, 250 g Sauerrahm, 1/2 Bund Petersilie, 2 g Saiblingskaviar, Salz, Pfeffer

ZUBEREITUNG
Die Erdäpfel in der Schale kochen. Schälen und noch warm durch die Erdäpfelpresse drücken. Zwiebel schälen und sehr fein schneiden. Man fügt sie dann zum Erdäpfelbrei hinzu und vermengt beides gut. Knoblauch schälen, ebenfalls sehr fein hacken. Sauerrahm und gehackten Knoblauch zur Erdäpfelmasse geben, mit Salz und Pfeffer würzen und gut verrühren.
Petersilie waschen, trocknen und klein schneiden. Den Erdäpfelkäse auf Teller portionieren, darüber Petersilie streuen und zum Schluss noch mit einem kleinen Gupf Saiblingskaviar vollenden.

SPARGEL CORDON BLEU
Gasthof zum Hauermandl, Seite 98

ZUTATEN
12 Stangen Spargel, 12 dünne Scheiben gekochten Bein-schinken, 12 Scheiben Bergbaron, dünn geschnitten, Mehl zum Panieren, 3 Eier, Semmelbrösel zum Panieren, Öl zum Backen, Salz, Pfeffer

ERDÄPFEL
600 g speckige Erdäpfel, etwas Butter, 1 Handvoll Petersilie

KRÄUTERDIP
1 Becher Sauerrahm, 1 Becher Joghurt, 1/2 Zitrone, frische Kräuter (Petersilie, Schnittlauch, Dill, Kresse, Kerbel), Salz, Pfeffer

ZUBEREITUNG
Den Spargel schälen. In einem Topf Salzwasser zum Kochen bringen und den Spargel darin bissfest kochen. Je nach Stärke des Spargels bis zu 15 Minuten. Wasser ableeren. Spargel auskühlen lassen. Jede Stange zuerst mit einer Scheibe Käse und dann mit einer Scheibe Schinken umwickeln.

In drei Suppentellern Mehl, Brösel und die drei Eier ver-teilen. Die Eier verquirlen.

Den Spargel salzen und pfeffern und dann im Mehl wälzen, danach ins Ei tauchen und schließlich mit den Bröseln panieren.

In einer Pfanne drei Daumen hoch Pflanzenöl erhitzen und die Spargel im heißten Fett schwimmend goldbraun backen. Auf einem Küchenkrepp abtropfen lassen.

Die Erdäpfel in der Schale kochen. Schälen und portionie-ren. In einer Pfanne Butter schmelzen, Petersilie hacken, Erdäpfel in der Butter schwenken, Petersilie drüber streu-en. Etwas salzen.

Für den Kräuterdip Sauerrahm und Joghurt in eine Schüssel geben, Salz, Pfeffer und den Saft einer halben Zitrone sowie die gehackten Kräuter beifügen und cremig verrühren.

KÄSE-HONIGAUFSTRICH UND METBIRNE AUF HONIGBIERBAGUETTE
Imkerhof, Seite 100

ZUTATEN
METBIRNE
2 Birnen, Saft von 1/2 Zitrone, 500 ml Met, 40 g Honig, 1 Zimtstange, 3 Gewürznelken

KÄSE-HONIGAUFSTRICH
70 g Butter, 150 g Blauschimmelkäse, 100 g Gervais (Frischkäse), 1 TL Honig, Salz, Pfeffer, eventuell etwas gehackte Walnüsse

HONIGBIERBAGUETTE
250 g Mehl (Weiß oder Vollkorn), 250 ml Honigbier, 1/2 Pk Backpulver, 1/2 TL Salz, 1/2 TL Honig (Akazie), 1/2 TL Kümmel gehackt, etwas Kümmel zum Bestreuen, eventuell Rosmarin

ZUBEREITUNG
Metbirne: Die Birnen schälen, teilen, das Kerngehäuse entfernen und mit Zitronensaft beträufeln. Met mit Honig und Gewürzen mischen und aufkochen. Birnenhälften oder Birnenspalten in den Sud einlegen und bei kleiner Hitze bissfest kochen, im Sud auskühlen lassen. Dann vom Sud nehmen.

Käse-Honigaufstrich: Die zimmerwarme Butter cremig rühren, Blauschimmel- und Frischkäse und eventuell gehackte Walnüsse einmengen und mit Honig, Salz und Pfeffer abschmecken. Die Käsemasse mit einem Dressier-sack dressieren oder durch eine Kartoffelpresse pressen und mit der gefächerten Metbirne servieren.

Honigbierbaguette: Das Mehl mit Backpulver, Salz, Honig und Kümmel mischen. Mit einem Kochlöffel das Bier zufügen, der Teig bleibt klebrig. Eine kleine Kastenform oder Rehrückenform mit Backtrennpapier auslegen, den Teig einfüllen. Mit Wasser bestreichen und mit Kümmel bestreuen. Im auf 175 °C vorgeheizten Backrohr etwa 35 bis 40 Minuten backen, danach aus der Form stürzen und auf einem Rost auskühlen lassen. Statt Kümmel kann auch Rosmarin verwendet werden. Bei Vollkornmehl die Bier-menge eine Spur erhöhen. (Rezept von Susanne Wimmer)

Neues Rathaus und Ars Electronica Center

LINZ LAND
RASTSTÄTTE DER ZUGVÖGEL

Der Patron und der Musiker

Letztlich verurteilte der Statthalter seinen Ex-Kanzleichef zum Tode, doch dann fand sich keiner, der das Urteil vollstrecken wollte. Aquilinus, römischer Statthalter von Lauriacum hatte im Jahr 304 n. Chr. vierzig Leute aufgespürt, die sich weigerten, den Göttern zu opfern. Daraufhin ließ er sie verhaften und langdauernd foltern. In Cetium, dem heutigen St. Pölten, hörte Florianus, sein ehemaliger Mitarbeiter, von diesen Vierzig und eilte ihnen zu Hilfe. Als auch er sich zum Christentum bekannte, ließ Aquilinus ihn prügeln und seine Schulterblätter mit spitzen Eisen brechen. Dann brachten die Soldaten ihn auf die Ennsbrücke, banden einen Mühlstein um seinen Hals, damit die Fluten ihn nie wieder freigeben sollten. In einem Text aus dem 9. Jahrhundert heißt es, dass die Soldaten sich scheuten, ihn anzurühren. Schließlich wurde einem von ihnen das Warten zu lang, er stieß den Mann in den Fluss. Doch Florians Leichnam tauchte wieder auf, und wurde, so die Legende, von einem Adler bewacht, bis eine Frau ihn bestattete. Über dieser Grabstelle gedieh, auch dank vieler Wunder, die sich dort ereignet haben sollen, über die Jahrhunderte ein Kloster, das bis heute eines der wichtigsten geistlichen Zentren Österreichs ist.

Und darüber hinaus eines der schönsten Barockensembles mit Basilika, Bibliothek, Marmorsaal, Gärten und Kunstsammlungen. Stift St. Florian ist nicht weit von Linz entfernt. Seine wertvollen historischen Glocken tönen über die gleichnamige Ortschaft am Fuß der Anhöhe.

Auch einer der größten Musiker aller Zeiten lauschte wohl des Öfteren der Angstglocke aus dem Jahr 1717, der Zwölferin von 1318, der Elferin oder dem zarten Loreto-Glöcklein während seiner Zeit als Stiftsorganist – Anton Bruckner. Der bedeutende, überaus bescheidene Komponist verließ Oberösterreich für Wien, wo er am Kaiserhof große Erfolge feierte. Nach seinem Tod aber kam er wieder zurück nach St. Florian, wo er nahe der berühmten Orgel, die seinen Namen trägt, seine letzte Ruhestätte fand. Geboren wurde er 1824 als ältestes von zwölf Kindern eines Lehrers in Ansfelden, nur wenige Kilometer westlich, nahe Traun. Heute pulsiert dieses Gebiet – Wirtschaft, Handel und auch Industrie blühen. Damals aber war die Landwirtschaft so vorherrschend wie jetzt noch im Gebiet von St. Marien oder Kronstorf, wo der innovative und wegweisende Musiker zwei Jahre lang von 1843 bis 1845 als Lehrergehilfe und Organist wirkte. Schon damals beeindruckten seine Improvisationen die Zuhörer und später, als er in die Welt hinaus ging, feierte ihn das Publikum in Wien, Paris oder London auch deswegen.

Auf der Fahrt von Traun Richtung Süden schlingt sich ein gezacktes blaues Band um den Horizont, das sind die rauen, kahlen Berge des Salzkammerguts. Aber hier drunten stehen sie, die berühmten, die mächtigen, die stolzen Vierkanthöfe. Zwischen Streuobstbäumen eingebettet in hügelige Landschaft, oft inmitten von fruchtbaren Feldern und Äckern. Manche beließen nach althergebrachter Art die Fassade unverputzt, nur die Umrandungen der Fenster und Türen sind weiß getüncht. Die besonders dicken Wände – in Extremfällen bis zu einem Meter – garantieren kühles Klima auch an heißen Sommertagen, und bieten so den idealen Speicherort für die Ernten der Felder.

Die untere Enns mit Stauseen und Augebieten schmiegt sich an die in der Eiszeit von der Natur gebaute Niederterrasse von Kronstorf, der Gemeinde, von der Anton Bruckner schrieb

DIE WEIHEN UND DIE MÄRTYRER

„Ich fühle mich wie im Himmel". Zwischen ihren Eschen und Buchen, zwischen den Mai-glöckchen, Schneerosen und Moschusblümchen finden aufmerksame Beobachter immer wieder Baue von Dachsen und Füchsen. Nach Rehen dreht sich kein Kronstorfer mehr um. Der Ort liegt auf der ebenen Hochterrasse, die in den letzten Jahren von Zugvögeln zu ih-rem Rastplätzchen erkoren wurde. Vogelkenner bemerken des Öfteren zwischen den Sil-berreihern und den Weihen, jenen schlankflügeligen Greifvögeln, die knapp über den Fel-dern wirbeln, auch allerlei seltene Arten, doch macht die Gemeinde davon kein Aufhebens.

Auf dem Weg zurück nach Linz liegt die älteste Stadt Österreichs und die einzige mit ei-ner noch vollständigen geschlossenen Stadtmauer. Enns ist einer der zauberhaften Plätze, in dem zweitausend Jahre Geschichte lebendig geblieben sind. Mittelalterliche Anmut über-ragt die martialische Antike, mit Türmchen und Giebeln, Arkadenhöfen, einem Schloss und dem Marktplatz, auf dem sich in der warmen Jahreszeit das Leben unter freiem Himmel abspielt. Als einzige Stadt Österreichs wurde sie mit dem Prädikat „Città Slow" ausgezeich-net. Ganz offiziell legt sie damit ein Bekenntnis zu einer bewussten Lebens- und Stadt-philosophie ab, „hin zu einer neuen Langsamkeit des Lebens, hin zu den wahren Werten und zu erlebbarem Genuss", wie es ein Stadtprospekt formuliert. Das alles basiert auf einer modernen Infrastruktur, die ein bequemes Leben im Hier und Jetzt ermöglicht.

Ihre Geschichte beginnt zwar schon lange bevor hier am Limes das Legionslager Lauria-cum entstand, doch sind aus dieser Zeit viele archäologische Funde ausgegraben, gesam-melt und im Museum Lauriacum am Marktplatz im ehemaligen Rathaus von Enns ausge-stellt worden. Hier schließt sich der Kreis, Lorch, wie Lauriacum heute heißt, war jener Ort, in den Florian, der Patron Oberösterreichs – und der Feuerwehren – eilte, um seinen ver-hafteten Mitchristen beizustehen. Sie starben im Kerker, aber sie waren lange Zeit nicht viel mehr als eine Legende. Vor einigen Jahrzehnten jedoch konnten Überreste menschli-cher Knochen den vierzig Märtyrern von Lorch zugeordnet werden. Sie wurden 1968 fei-erlich beigesetzt und in den Hochaltar der St.-Laurenz-Basilika in Enns-Lorch als Reliquien eingelassen. Fast wie Florianus aus den Fluten der Enns sind sie, allerdings erst im Jahr 1900 und bei archäologischen Ausgrabungen, wieder aufgetaucht.

St.-Laurenz-Basilika, Enns

ITALIENISCH GANZ 21

Trattoria in modernem Gewand

Tagliatelle mit Pepperoncini-Limettensauce und gebratenen Garnelen
Dieses Rezept finden Sie auf der Seite 170

In der geschäftigen Stadt Traun haben Susanne Gruber und Fritz Gschoderer vor Jahren angefangen, ihre Gäste mit leichter, italienischer Küche zu verführen. Anfangs in einem winzigen Lokal in der Innenstadt – aufgrund der zunehmenden Gästeschar mittlerweile in einem größeren Lokal mit Schanigarten. Eingebettet in einen modernen Gewerbekomplex in Zentrumsnähe.

In der Trattoria Ventuno (Einundzwanzig) können nun bis zu achtzig Personen die selbstgemachten Antipasti, Lasagne, die frischen Fische, Steaks oder die Pizzen mit Meeresfrüchten, Prosciutto, Salami u.v.m. genießen.

Unzweifelhaft betritt der Gast hier eine Wohlfühltrattoria des 21. Jahrhunderts. Das Ambiente ist zurückhaltend – modern, mit viel Glas, Holz und indirektem Licht. Wer spürt nicht sogleich den Hauch von italienischer Lebensfreude, wenn er auf einer großen Weinkarte neben österreichischen Weinen auch Chianti und Pinot Grigio findet? Wer liebt ihn nicht, den Duft frischer Kräuter, selbstgemachter Tomatensauce, gerösteter Pinienkerne und auf den Punkt gebratener Garnelen?

Die Karte wechselt nach Saison. „Wir legen besonders Wert auf Qualitätsprodukte, die wir täglich frisch einkaufen. Verbunden mit schonender Verarbeitung, frischer Zubereitung, Begeisterung und Kreativität servieren wir Ihnen unsere mediterrane Küche. Ohne Zusatzstoffe."

Manche kommen schnell auf einen Mittagsteller vorbei – geschäftig oder geschäftlich, abends lassen sich die Gäste von nah und fern mehr Zeit. Auch gerne bei Kerzenschein im lauschigen Eckerl mit einem „Cena per due", dem individuell zubereiteten Überraschungsmenü für zwei. Beschließend mit einem Stamperl aus der Edelbrandkollektion.

Weil Herr Fritz und Frau Susanne so oft nach den Quellen ihrer Genüsse gefragt wurden, entschlossen sie sich, die Dinge, die man sonst nirgendwo kaufen kann, wie die selbstgemachten Spezialitäten, aber auch Produkte der eigenen Lieferanten, in „Herrn Fritzens Genussregal" zur Auswahl zu stellen. Und damit nichts schiefgehen kann, weist Herr Fritz in seinen Kochkursen auch in die Geheimnisse der Zubereitung ein.

TRATTORIA VENTUNO
Susanne Gruber, Fritz Gschoderer
Neubauerstraße 26, A-4050 Traun
Telefon 00 43 (0) 72 29 / 6 18 10
www.trattoria21.at

ALLES EINSTEIGEN

Auf ins Kinderparadies

Wenn Buben noch davon träumen, einmal Zugführer zu werden und Mädchen noch selbst gepflückte Blumen zu Kränzen winden, sollten die Eltern sie in das Gasthaus „Haltestelle z'Oftering" ausführen. Kinderbesteck und Kinderspeisekarte, Spielzeug und Kuscheltiere, ein hochwertiger Spielplatz, Stillraum und Wickelstation machen den „Familienbund"-Mitgliedsbetrieb zum Märchenland für Groß und Klein. Neugierige Geschöpfe können Katzen und Hasen beobachten oder aufschnappen, was die alten Bauern einander beim Frühschoppen zu berichten haben; hinter der Thujahecke die Züge auf der Westbahn geheimnisvoll rattern hören; einen Sonntag wie zu Omis Zeiten erleben. „Unser Wirtshaus muss so sein, dass ich mich als Gast wohlfühlen würde", sagt Claudia Rohregger, selbst Mutter zweier kleiner Kinder. Gemeinsam mit ihrem Mann Wolfgang führt sie den elterlichen Betrieb seit 2004 und serviert saisonale, bodenständige Küche mit vielen klassischen Gerichten und Produkten aus der Region. Aber auch Eleganteres, etwa Miesmuscheln oder Butterfisch-Saltimbocca, steht zur Auswahl.

Viele Stammgäste bevölkern die alte und die neue Gaststube, den Wintergarten oder den großen Gastgarten. Einige können sich noch gut an die Zeit erinnern, als Claudias Großmutter, die Gründerin, die Zigaretten noch einzeln verkaufte.

Bratl mit Stöcklkraut und Serviettenknödel
Dieses Rezept finden Sie auf der Seite 170

Wie gemacht zum Feiern ist das ehemalige Bahnhofsrestaurant mittlerweile. Unter alten Linden und Nussbäumen kann man im angrenzenden Park auf der Wiese oder im Liegestuhl sitzen. Den engagierten jungen Wirten gelang es, auch ein neues, urbanes Publikum zu begeistern, das eine Landpartie genießt – vielleicht, um mit der Familie beisammen zu sein oder mit dem Boss Weihnachten zu feiern. Und rumpelt's wegen eines vorbeirauschenden Zugs hin und wieder an den Tischen, freuen sich Stilbewusste. Denn die reisen per Bahn hierher und gönnen sich desto fröhlicher noch ein Gläschen niederösterreichischen Rieslings oder südaustralischen Evertons.

HALTESTELLE Z'OFTERING
Familie Humer-Rohregger
Westbahnstraße 2, A-4064 Oftering
Telefon 00 43 (0) 72 21 / 72 127
www.haltestelle-oftering.at

WIE ZU HAUSE

Rund ums Jahr auf dem Erdpresserhof

Etwas abgelegen, aber mit Blick über das Eferdinger Becken hat ein familiäres „Gasthaus mit Herz" ganzjährig geöffnet. Und der Jahreszeit entsprechend feiern hier Gäste im Frühling die Mosttaufe, im Sommer Grillabende, im Herbst die Ernte der örtlichen Jägerschaft mit Wildspezialitäten. Tagsüber spenden Fichten im Gastgarten harzig duftenden Schatten. Im Winter ist die Wirtschaft auch für Eisstockschützen ein beliebter Treffpunkt, wenn auf dem nahen Naturteich Bahnen mit Flutlichtern angelegt werden. Menschen treffen ein, um zur Standorgel Lieder zum Besten zu geben, ein Familienfest zu feiern, oder einfach nur das Leben inmitten der Natur in rustikaler Atmosphäre zu genießen.

Als Gasthaus gibt es den Erdpresserhof erst seit sieben Jahren. „Es begann als Mostheuriger", sagt Doris Schartmüller, deren Großvater den Besitz kaufte. Auf dem traditionsreichen, bereits im 13. Jahrhundert erstmals urkundlich erwähnten Hof war der Most schon vor Jahrhunderten ein wichtiger wirtschaftlicher Faktor. „Seit drei Jahren sind wir ein Gastgewerbebetrieb und servieren auch Wein, Bier und warme, ausschließlich regionale Gerichte." Bratl, Ripperl oder Schnitzel können die Gäste rund ums Jahr ordern. Gerichte aus den eigenen Bioweidegänsen bereitet die Chefin aber nur im November zu. Die persönliche Betreuung ist ihr besonders wichtig. „Die Gäste sollen sich in den zwei Gastzimmern und im Extrastüberl fühlen wie zu Hause."

Unterstützt werden Doris und ihr Gatte Manfred, ein ausgebildeter Mostsommelier, häufig von ihren Kindern. Sohn Peter ist jedoch in erster Linie, wie sein Vater, Bauer. Denn dem Gehöft angeschlossen ist eine biologische Landwirtschaft. „Die Natur liegt mir am Herzen", sagt Peter. „Es ist ein seltener und kein leichter Beruf, aber ich kann mir nichts anderes vorstellen. Die Freiheit dabei ist sicher ein wichtiger Faktor." Da er auch Jäger ist, verarbeitet Mutter Doris zu den Wildwochen im Herbst wohl öfters selbst Erlegtes.

ERDPRESSERHOF
Doris und Manfred Schartmüller
Staudach 18, A-4072 Alkoven
Telefon 00 43 (0) 72 74 / 89 59
biohof.schartmueller@aon.at

TRADITION MIT VISION

Einflussreiche Kochkunst

Seesaiblingfilet mit Safranfenchel
Dieses Rezept finden Sie auf der Seite 171

Frankreich sei das Land, sagt Christian Göttfried, dessen Kochkultur ihn am meisten beeindrucke. Weil sie so traditionsbezogen sei und das Produkt im Vordergrund stehe. So verwendet der auch aus Sarah Wieners Sendungen bekannte Spitzenkoch ebenfalls ausschließlich erstklassige, nachhaltige Produkte. Als es in Österreich noch Sterne zu erkochen gab, gehörte er zu den ersten, auf den der begehrte Himmelskörper herabfiel. Oft fährt er auf Entdeckungs- und Einkaufstour – etwa nach Italien, um zum Beispiel frischen Trüffel auf seine von vielen Einflüssen geprägten Kreationen legen zu können. Basis aller seiner Fleischgerichte ist entweder Wild oder Bio-Fleisch, das ausschließlich in Spitzenqualität, wie dry-aged, verarbeitet wurde. Das Gemüse bezieht er hauptsächlich aus dem Eferdinger Becken, das sich um Alkoven herum erstreckt.

Im Spannungsfeld zwischen Tradition und Innovation hackt er Zwiebeln für den klassischen Zwiebelrostbraten oder lässt Hummer zur Blunz'n gar werden. „Das Handwerk muss stimmen", sagt der unter anderem bei Hans Haas im Restaurant Tantris, München, und Residenz Heinz Winkler, Aschau, ausgebildete Zeltweger. „Auf moderne Gartechniken verzichte ich nicht unbedingt, aber gänzlich auf Chemie." Ebenso vielversprechend ist seine Zukunftsvision: „Produkte der Lebensmittelindustrie komplett aus meinem Wirtshaus zu verbannen." Aber nicht nur wesentliche Impulse für seine Küche brachte er aus fernen Ländern mit nach Alkoven, sondern auch seine niederbayrische Frau Simone, eine ausgewiesene Weinexpertin, die die besten Tropfen auf Lager hat. Sie trafen sich auf Sylt, wo er bei Jörg Müller kochte.

Im seit 1866 als Wirtshaus belegten Gasthof Schrot kann man in der gemütlichen Stube, im Gastgarten, im eleganten Restaurantbereich oder bei Veranstaltungen auch im Gwölb beisammen sitzen und sich in lockerer Atmosphäre nicht nur Simones Weine aus aller Welt munden lassen, sondern auch mit einem Schnapserl – oder Obstsaft – vom benachbarten Hans Reisetbauer anstoßen. Voilà – Santé!

GÖTTFRIED IM SCHROT
Christian Göttfried
Alte Hauptstraße 38, A-4072 Alkoven
Telefon 00 43 (0) 72 74 / 7 14 00
www.gasthofschrot.at

KÖNIG IM WASSERSCHLOSS

Ein Ort zum Genießen und Verweilen

Wir sind vor rund zehn Jahren mit einem Konzept gestartet", sagt Robert Mader, der gemeinsam mit Peter Mitterböck das Restaurant-Café Schloss Traun führt, „und wir haben es durchgezogen." Im zauberhaften Schlossambiente bieten die beiden Traditionell-Österreichisches auf hohem Niveau, dem ihre Köche einen mediterranen Einschlag verleihen. Darüber hinaus ist die Küche saisonal geprägt und auf das Angebot der Region abgestimmt. Um die Sache noch weiter zu verfeinern, erweist sich das Restaurant des Schloss Traun als wahres Mekka für Vegetarier. Mehrere fleischlose Gerichte stehen auf der Karte, an den Wochentagen gibt es auch ein vegetarisches Mittagsmenü. Robert Mader teilt die Vorliebe der Franzosen für Innereien. „Alle zwei Monate wechseln wir die Speisekarte. Ein Innereiengericht, wie sautierte Hühnerleber in Calvados-Apfelsauce ist jedes Mal dabei."

Der Gastgarten im Schlosshof bietet einen Blick in den öffentlichen Schlosspark und auf die Fassade des Jagd- und Wasserschlosses der Grafen Abensperg und Traun. Für Seminare jeder Größenordnung ist darin Platz, und Veranstalter können die Verpflegung gleich dazu buchen. Wer gerne ausgiebig feiert und sich, etwa bei einem Hochzeitsfest oder einer Firmenfeier, die Nacht um die Ohren schlagen möchte, ist durchaus willkommen. Weil es keine Anrainer gibt, können die Öffnungszeiten flexibel gestaltet werden. Den Treueschwur können Brautpaare vor Ort in der ökumenischen Kapelle leisten, auch die Standesbeamten zieren sich nicht, die Trauung in einem der Säle der Beletage vorzunehmen.

Aus den ehemaligen Ställen mit den schönen Gewölben wurde ein elegantes Restaurant mit einem intimen Rondeau und einem verwinkelten Raum für kleinere Gesellschaften.

Zum überzeugend umgesetzten Konzept gehört das ehrliche Engagement der beiden Chefs, die gemäß ihrer Philosophie ausschließlich Hocharistokraten bewirten, denn der Kunde ist ihnen König. „Darum gibt es bei uns kein Nein."

Rindsroulade vom Rostbraten mit Artischockenherzen gefüllt auf cremiger Polenta
Dieses Rezept finden Sie auf der Seite 171

SCHLOSS TRAUN RESTAURANT-CAFÉ
Schloss Traun GastroGmbH
Schlossstraße 8, A-4050 Traun
Telefon 00 43 (0) 72 29 / 66 88 22
www.schlosstraun.at

KULTIWIRT

Vielfältige Symbiose

Krautstrudel
Dieses Rezept finden Sie auf der Seite 172

Vor dem Haus haben wir die Stadt, hinter dem Haus das Land", schmunzelt Thomas Stockinger, Herr über das traditionsreiche Gehöft, das seit rund 200 Jahren ein beliebtes Wirtshaus ist, und dem seit einigen Jahrzehnten ein Viersternehotel angebaut ist. Ruhig am Waldrand des Petersbergs gelegen, ist Linz dennoch nur einen Katzensprung entfernt. Und so schätzen Gäste aus nah und fern das Angebot des oberösterreichischen „KultiWirts", so der Name einer Vereinigung traditionsbewusster Gastronomiebetriebe. Der Veranstaltungssaal mit Galerien und Bühne ist zugleich ein Seminarzentrum mit moderner technischer Ausstattung. „Das ergibt eine interessante Symbiose. Wir dürfen vom Arbeiter bis zum Profifußballtrainer bewirten, vom Firmenboss bis zur Reisenden, von der Messeausstellerin bis zum Täufling." Zum Feiern gibt es viele Gründe und daher bilden die Räume häufig den passenden Rahmen für Hochzeiten, Geburtstagsfeste, Bälle, Firmen- oder Familienfeiern. Ob für 20 Gäste oder für 500 Kongressteilnehmer – auch für anschließende Entspannung ist im Haus mit komfortablen Suiten, gemütlichen Zimmern, Wintergarten und einer Wellnessoase gesorgt.

Tradition trifft hier Innovation. Dies zeigt sich auch in den Gaststuben. Im Jägerstüberl des Vierkanthofs oder in der traditionellen Traunviertler Gaststube mit Kachelofen verzehrt man stilecht zum Beispiel Schweinsbraten, Knödel und Schwammerln. Oder man entscheidet sich für einen eleganten Abend im Restaurant mit Barbereich, wo man saisonale oder internationale Gerichte wie Fisch oder Spargel, Wild oder Steak ordern kann.

Das Schicksal des „Bauer am Brunn-Guts" lässt sich bis 1638 zurückverfolgen. Thomas Mayr-Stockinger übernahm den Betrieb 2004, errichtete im Hotel noch ein Seminarzentrum und baute weitere Suiten, Businesszimmer und eine Kaminlounge zu. Nach dem Umbau bietet das Hotel 100 Zimmer und 6 Suiten für die Gäste.

Heute zählt der Betrieb sowohl qualitativ als auch quantitativ zu den führenden Betrieben der Region.

GASTHOF HOTEL STOCKINGER
Ritzlhofstraße 65, A-4052 Ansfelden
Telefon 00 43 (0) 72 29 / 88 32 10
www.stocki.at

AUSZEIT

Schmecken und schmökern

Dinkelgrießnockerlsuppe
Dieses Rezept finden Sie auf der Seite 172

Hinter dicken Mauern mit barocken Fassadenelementen liegt still, aber ungeheuer präsent, einer jener Orte, die man nicht einfach nur aufsucht, wo man nicht einfach nur hingeht. Der ehemalige Herrschaftssitz war schon 1524 eine Taverne, und Reiter und Kutscher mögen wohl im zauberhaften Arkadenhof die Pferde gewechselt haben. Heute kann man ebenda romantisch speisen.

Hier sind Gäste eingeladen, unter kostbaren Gewölben Platz zu nehmen, zwischen Granitsäulen, vielleicht gar hinter der dunklen Holztür, die schon Kaiser Napoleon um 1820 hinter sich zugezogen haben soll, um einige Stunden zu dösen. Vom Kern her stammt die Bausubstanz aus der Zeit der Renaissance, und so fällt man nicht nur aus der Zeit, sondern kann in die Zeiten fallen.

Sorgfältig renovierten Rudolf Rahofer und seine Frau Eva die traditionsreiche Gastwirtschaft mitsamt den Gästezimmern. Seit 1888 in Familienbesitz, eröffneten die beiden nach der Adaptierung 1979 neu. Seither wirkt Rudolf Rahofer auch als Küchenchef. Viel entsteht dabei aus Selbstproduziertem, denn wie eh und je ist dem Vierkanter eine Landwirtschaft angeschlossen. „Wir ernten zum Beispiel Dinkel, Erdäpfel, Obst und können sogar mit eigenen Feigen kochen", sagt er, dem in der Küche Einfachheit und Ursprünglichkeit wichtig sind. Serviert werden die österreichischen Klassiker des Slow-Food-Mitglieds entweder in der gemütlichen Stammtisch-Stube oder im eleganten Restaurantbereich, wo in historischer Atmosphäre aufwendige Tischkultur betrieben wird. Im kleinen, reizenden Kaffeehaus können Gäste in den Büchern des „Bibliotels" schmökern und sich eine hausgemachte Mehlspeise gönnen. Der von der Zeitschrift Falstaff als „Best of Austria" ausgezeichnete Betrieb begeistert KurzurlauberInnen ebenso wie Geschäftsreisende, die auf ein Angebot abseits des Üblichen Wert legen. „In dieser schnelllebigen Zeit möchten wir den Gästen ermöglichen, sich mit Lesen, Spazierengehen, Kulturausflügen und gutem Essen eine Auszeit zu nehmen." Der typische Charakter eines alten Hofs bietet dafür die erlesene Relaisstation.

GASTHOF RAHOFER
Rudolf Rahofer
Hauptstraße 56, A-4484 Kronstorf
Telefon 00 43 (0) 72 25 / 83 03
www.rahofer.at

DIE GROSSE TRADITION

Licht am Ende des finsteren Ganges

Rehrücken auf Kräuternudeln
mit Honig-Rotweinjus
Dieses Rezept finden Sie auf der Seite 173

Nein, es ist keine Filmszene. Der Mönch, der in seinem schwarzen Augustiner-Chorherrenhabit aus dem Schatten des Tunnels, der seit Jahr und Tag der „finstere Gang" heißt, tritt, blinzelt in der Wirklichkeit ins Sonnenlicht. Viele Jahrhunderte lang haben seine Brüder diesen Durchgang genutzt, um vom Stift St. Florian ins Dorf zu gelangen. Und bereits im 14. Jahrhundert konnten sie an seinem Ende im Bäckerhaus ein Weckerl erstehen. Seit die Bäckerstube auch Gasthof wurde, konnten sie Bier bestellen, Wein oder Blutwurstgröstl, Erdäpfelsuppe und Schweinslenden Florianiart. Auch heute folgt die Speisekarte wie damals den Jahreszeiten und den Ernten der regionalen Landwirtschaft. Der Gasthof zur Kanne, zwischenzeitlich auch Krämerei und Fleischerei, ist seit etwa 200 Jahren im Besitz der Familie Danninger-Koppler, deren anhaltendes großes Traditionsbewusstsein der heutigen Besitzergeneration Rudolf und Gabriele Koppler bereits mehrere Auszeichnungen als Traditionsbetrieb bescherte.

Nicht nur kulinarisch hält der Gasthof die Tradition hoch. Auch die Aufteilung der Räume ist weitgehend erhalten geblieben. So stehen acht kleine, individuell gestaltete Stüberl zur Auswahl, von der Feichterstube, dem Feiertagsstüberl über das Bäckerstüberl, in dem ehemals der Backofen stand, bis zum Festsaal, der immerhin 90 Personen fasst. Ob man sich nach einem gemütlichen Kachelofen sehnt, auf modernen Polstermöbeln ausspannen, oder unter Kastanienbäumen auf zum Teil noch originalen Mollner Elefantenmöbeln – jenen zierlichen, grün gestrichenen Holzleistenklappmöbel typisch österreichischer Biergärten – die Fassaden der alten Häuser und des Stifts St. Florian betrachten möchte, keines dieser Verlangen bleibt ungestillt.

Später wird der Augustiner Chorherr wieder durch den finsteren Gang hinaufgehen und sich im Stift zur Ruhe betten. Für alle anderen müden Häupter stehen im Gasthof zur Kanne Polster in komfortablen Zimmern, fern von Verkehr und Hektik, zur Verfügung.

LANDGASTHOF ZUR KANNE
Rudolf und Gabriele Koppler
Marktplatz 7, A-4490 St. Florian
Telefon 00 43 (0) 72 24 / 42 88
www.gasthof-koppler.at

GESEGNETER WEIN

Länger satt als bis zum nächsten Mahl

Jäger, Bürger und Prälaten – alle haben nach ihnen benannte Stüberl im Stiftskeller unter den barocken Gewölben des Augustiner Chorherrenstifts St. Florian. Und die sind von jener herzhaften Urigkeit, die Appetit auf ebenso herzhafte Speisen macht. Viele der Zutaten, die Linda Till, tatkräftig unterstützt von Tochter Nina, zu bodenständigen Gerichten zubereitet, stammen aus stiftseigener Landwirtschaft. Wie etwa das nach strengsten biologisch-dynamischen Richtlinien am Demeterhof aufgezogene Ferkel, das zu Schweinsbraten, Krenfleisch, Sulz, Beuschl oder gerösteter Leber veredelt wird. Oder die Forellen aus klösterlichen Teichen, die aber auch bisweilen als Chiliforellen, leicht exotisch und modern gewürzt, auf die Teller springen.

Gesegneter Wein ist die vinarische Spezialität des Hauses. „Gemeinsam mit unserem weinkundigen Probst küren wir jährlich in Oberloiben den Prälatenwein", verrät Dietmar Till, der die Gäste umsorgt.

Die Stuben, die im Sommer um einen ruhigen Gastgarten erweitert werden, laden auch zum Feiern von Festen aller Art ein. In Kooperation mit dem Stift bieten die Wirte in einer der allerschönsten Barockanlagen, die Österreich zu bieten hat, tolle Seminarpauschalen an, mit Tagungstechnik, Catering und Übernachtungsmöglichkeit. Für den Verdauungsspaziergang stehen einige Gärten offen, Kulturfans werden an der Brucknerorgel und den Stiftsführungen Gefallen finden, spirituell Interessierte an der Möglichkeit, mit dem einen oder anderen Chorherrn ein Gespräch zu führen. Als Partnerbetrieb der oberösterreichischen Familienkarte ist der Stiftskeller auch für seine kinderfreundliche Atmosphäre bekannt. Wer mit den Ortsansässigen plaudern möchte, der findet die Stammgäste häufig zwischen Pilgergruppen abends bei einem Bier oder sonntags nach dem Kirchgang beim Frühschoppen.

Daher kann es leicht geschehen, dass ein Aufenthalt in diesem Restaurant weit anhaltender sättigt, als bis zum nächsten Mahl und auch so manchen Hunger der Seele stillt.

STIFTSKELLER ST. FLORIAN
Linda & Dietmar Till
Stiftsstraße 1, A-4490 St. Florian
Telefon 00 43 (0) 72 24 / 89 02 70
www.stiftskeller.co.at

MOST UND MEHR

So richtig gemütlich

Besoffener Winzer
Dieses Rezept finden Sie auf der Seite 173

Das Wasser hat sein Gutes. Die Enns und ihr Hafen sind einen Spaziergang entfernt. Gleich hinter dem Auwald fließt die Donau, der Donauradweg führt direkt an den umliegenden Weizen- und Maisfeldern vorbei. Und im Winter bereitet gefrorenes Wasser auf den Eisstockbahnen den Gästen des Most- und Weinheurigen Hammerl Freude. Die Nähe zu den Gewässern bringt Ausflügler, Wanderer, Spaziergänger, Radfahrer und Hafenangestellte, viele davon immer wieder, in die gemütlichen Stuben des ehemaligen Bauernhofs, dessen Grundriss und niedere Raumhöhe seit der ersten urkundlichen Erwähnung von 1750 unverändert geblieben sind. Bereits 1791 verkaufte der Ennser Braumeister hier sein Bier.

Wochentags können sie alle in der Gaststube mit Bar und Raucherbereich, in der rauchfreien Stube oder im modernen Heurigen ein Menü mit Suppe und Hauptspeise aus der Küche Gertrude Hammerls bestellen. Originale bäuerliche Hausmannskost gart in ihren Töpfen und dazu Bauernkrapfen, hausgemachte Mehlspeisen, Strudel und Blechkuchen.

Unter dem Nussbaum im Biertisch-Gastgarten schmeckt die Jause, das Fleisch- oder Speckbrot besonders herzhaft. Variantenreiche Salate mit Gemüse verfeinert Gertrude mit echtem steirischen Kernöl vom Hof des Schwagers.

Seit 2011 führt Juniorchefin Martina den kinder- und tierfreundlichen Betrieb und „möchte auf den Schienen, die meine Eltern gelegt haben, weiterfahren, aber mit einigen zusätzlichen Aktionen punkten, wie Spezialwochen oder Livemusik." 1984 schenkten Martinas Eltern erstmals Most aus, damals noch aus eigener Landwirtschaft. Mittlerweile lagern im alten Gewölbe auch österreichische Weine aus allen Regionen, darunter edelste Tropfen und Raritäten. Josef Hammerl ist ausgebildeter Weinkenner und berät fachkundig. Auf mit Filz bezogenen Baumstämmen kann man in seinem Keller die Weine verkosten und sich dabei erzählen lassen, wie das damals war, im Jahr der großen Katastrophe, als das Wasser zeigte, dass es nicht immer nur sein Gutes hat.

MOST- UND WEINHEURIGER
Martina Hammerl
Enghagen 19, A-4470 Enns
Telefon 00 43 (0) 72 23 / 8 30 58

MEHR ALS NUR EIN GOLFPLATZ

Gut essen und ausspannen

Rund um den Metzenhof, einen stattlichen Vierkanthof am Rand von Kronstorf zwischen den Städten Enns und Steyr, fügen sich sanfte Hügel, Teiche und zahlreiche Bunker eines hochmodernen Golfplatzes harmonisch in die Landschaft.

Der Umbau des Bauernhofs begann im Jahr 2002, als Renate und Robert Leitner beschlossen, einen Teil ihres landwirtschaftlichen Betriebes in einen Golfplatz umzugestalten. Die 18-Loch-Anlage besticht durch Harmonie des Designs mit der Umgebung. 2010 wurde das Werk des renommierten Golfplatz-Architekten D.I. Hans Georg Erhardt mit dem Golfrevue Award als „bester neuer Golfplatz" ausgezeichnet.

Großzügige Übungsanlagen mit einer weitläufigen Driving Range mit überdachten Abschlagplätzen, Chipping- und Pitching-Area, zwei Putting-Greens und einem 3-Loch-Übungskurs stehen allein Golfern und denen, die die ersten Schritte in diesem schönen Sport machen wollen, zur Verfügung. Sogar im Winter kann man auf fünf beheizten Abschlagplätzen trainieren. Die Golfschule bietet für jedermann entsprechende Kurse und Trainingseinheiten. Darüber hinaus ist der Golfplatz Metzenhof „Home of PGA Austria". Ein großzügig gestalteter Golfshop lässt ebenfalls keine Wünsche offen.

„Wir begannen mit der Übungsanlage und neun Löchern, die Hügel wurden eigens dafür die ebenen Felder modelliert", sagt Renate Leitner. Bis dahin war der Metzenhof, der seit über dreihundert Jahren im Familienbesitz ist, ein bodenständiger Bauernhof mit Wiesen, Feldern und Wäldern. „Ich bin gelernte Bäuerin, mein Mann ist Geschäftsmann. Für mich war es keine große Umstellung, in den anfangs kleinen Räumlichkeiten bei der Driving Range die Golfer auch zu bewirten. Unsere Gäste sind wie Freunde, sollen sich bei uns wohl fühlen und gerne wiederkommen." Anstelle der „kleinen Hütte" bei der Driving-Range steht mittlerweile ein großzügiges, gediegenes Restaurant im Vierkanthof das ganze Jahr über jedermann zur Verfügung.

Heimische und internationale Gerichte werden ganzjährig auf der saisonal geprägten Speisekarte angeboten. Nur Selbstgemachtes kommt aus der Küche der Familie Leitner und den beiden Chefköchen Peter und Roman. Wochentags werden Mittagsmenüs angeboten, die sich vorzugsweise aus dreigän-

MARINIERTE ENTENBRUST MIT RIESLING-KRAUTFÜLLUNG
IN ENTEN-DEMI-GLACE
Dieses Rezept finden Sie auf der Seite 174

giger Hausmannskost zusammensetzen. Das Restaurant bietet in zwei getrennten Bereichen Platz für 180 Personen. Im südseitigen Gastgarten finden bis zu 80 Gäste Platz. Gleich neben der Terrasse können sich Kinder auf einem Spielplatz austoben. An heißen Tagen findet man im Badeteich Abkühlung und Erfrischung.

Das alles macht den Metzenhof zu einem idealen Ort der Erholung und für Veranstaltungen jeder Art. Geburtstagsfeiern, Hochzeits- oder Jubiläumsfeste, Weihnachtsfeiern und Familienfeste finden hier den idealen Rahmen. Für Seminare und Firmenmeetings stehen drei moderne, voll ausgestattete Seminarräume für bis zu 80 Personen zur Verfügung. Zusätzlich kann man gleich ein „Rundumpaket" von der kleinen Stärkung zwischendurch bis zum mehrgängigen Mittags- oder Abendmenü buchen.

Die gemütlich-gastliche Atmosphäre des Metzenhofs und die Freundlichkeit des gesamten Teams begeistern auch die Hotelgäste. „Wir sind ein familiärer Club, in dem man gerne neue Bekanntschaften schließt und die Mischung aus internationalem Flair und oberösterreichischer Lockerheit genießt", weiß Renate. Ganz nach der Devise „Relax" stehen den Gästen über vierzig Betten in modernen, gemütlich ausgestatteten Einzel- oder Doppelzimmern zur Verfügung. Fast alle Gästezimmer befinden sich im ausgebauten Dachgeschoss und bieten einen Ausblick auf den Golfplatz.

Unterstützt werden Renate und Robert Leitner von Tochter Melanie, die sich, wenn ihr Studium es erlaubt, im Service um die Gäste kümmert, und den Söhnen Michael und Christopher, die ihrer Schwester in puncto Tüchtigkeit in nichts nachstehen.

Renate und Robert haben keinen bevorzugten Einsatzbereich, sie verstehen sich als Allrounder. „Es macht ganz einfach Spaß, Menschen zu begegnen und mit ihnen zu kommunizieren. Der persönliche Kontakt und die individuelle Betreuung sind uns sehr wichtig." Eine Philosophie, die ihre Gäste sehr zu schätzen wissen.

HOTEL-RESTAURANT GOLFPARK METZENHOF
Familie Leitner
Dörfling 2, A-4484 Kronstorf
Telefon 00 43 (0) 72 25 / 60 178
www.golfpark-metzenhof.at

FRISCHES AUS BAUERNHAND

Modernste Nahversorgung

Moussaka
Dieses Rezept finden Sie auf der Seite 174

„Tu deinem Leib etwas Gutes, damit deine Seele Lust hat, darin zu wohnen." Teresa von Avilas Ratschlag wurde zum Motto des Hof- und Genussladens zweier Power-frauen in Enns. Er liegt in den Gewölben eines Altstadthauses und mutet so aufgeräumt an, dass neue Besucher eine Weile brauchen, um mit Verwunderung festzustellen: Hier fehlt es an nichts. „Es gibt kaum noch Nahversorger in Enns, diese Lücke wollten wir schließen", sagt Brigitte Nöbauer, die das Geschäft gemeinsam mit Erika Stadler führt.

Mit vielen Lieferanten, von denen sie frisches Obst und Ge-müse, aber auch zahlreiche andere oberösterreichische Spezi-alitäten beziehen, arbeiten die beiden Unternehmerinnen schon mehr als zehn Jahre zusammen. „Unsere Waren stammen von etwa 30 Bauern aus der Region. Sie liefern vom Putenfleisch über Fisch bis zum Hochlandrind naturnahe oder biologische Produkte." Regional und auch saisonal geprägt ist daher das Angebot des kleinen Ladens mit dem großen Inhalt. Zum fri-schen Salat gibt es passende Öle, Essige, Gewürze, Wurst und Käse sowie Brot und Gebäck aus dem bäuerlichen Backofen. Auch das für den täglichen Bedarf Nötige, wie Mehle, Grieß oder Milchprodukte, Müsli und Säfte, erfüllt das wichtigste Kriterium der beiden Geschäftsfrauen: „Es muss äußerst hoch-wertig sein. Dennoch können wir Waren dieser Qualität oft preiswerter anbieten als große Handelsketten."

Die köstlichen Jausenplatten, die der Hofladen auf Vorbe-stellung für kleinere oder größere Feiern liefert, stellt Brigitte Nöbauer im Bauernhof in Hofkirchen nach Kundenwünschen zusammen. Im Gewölbe des ehemaligen Pferdestalls entsteht in dem Vierkanter übrigens gerade ein vielseitig nutzbarer Ver-anstaltungsraum.

Die Idee, Produkte verschiedener Bauern im Stadtzentrum kaufen zu können, begeistert Jungfamilien, Businessleute, Werktätige mit wenig Zeit ebenso wie Pensionistinnen. Und das erklärte Ziel, „Enns mit ausgesuchten Köstlichkeiten der Region zu versorgen", garantiert absolute Frische bei größt-möglicher Umweltschonung. Genau so sollte moderne Nah-versorgung sein.

HOF-GENUSSLADEN ENNS
Brigitte Nöbauer
Linzer Straße 8, A-4470 Enns
Telefon 00 43 (0) 72 25 / 74 72
www.hofladen-enns.at

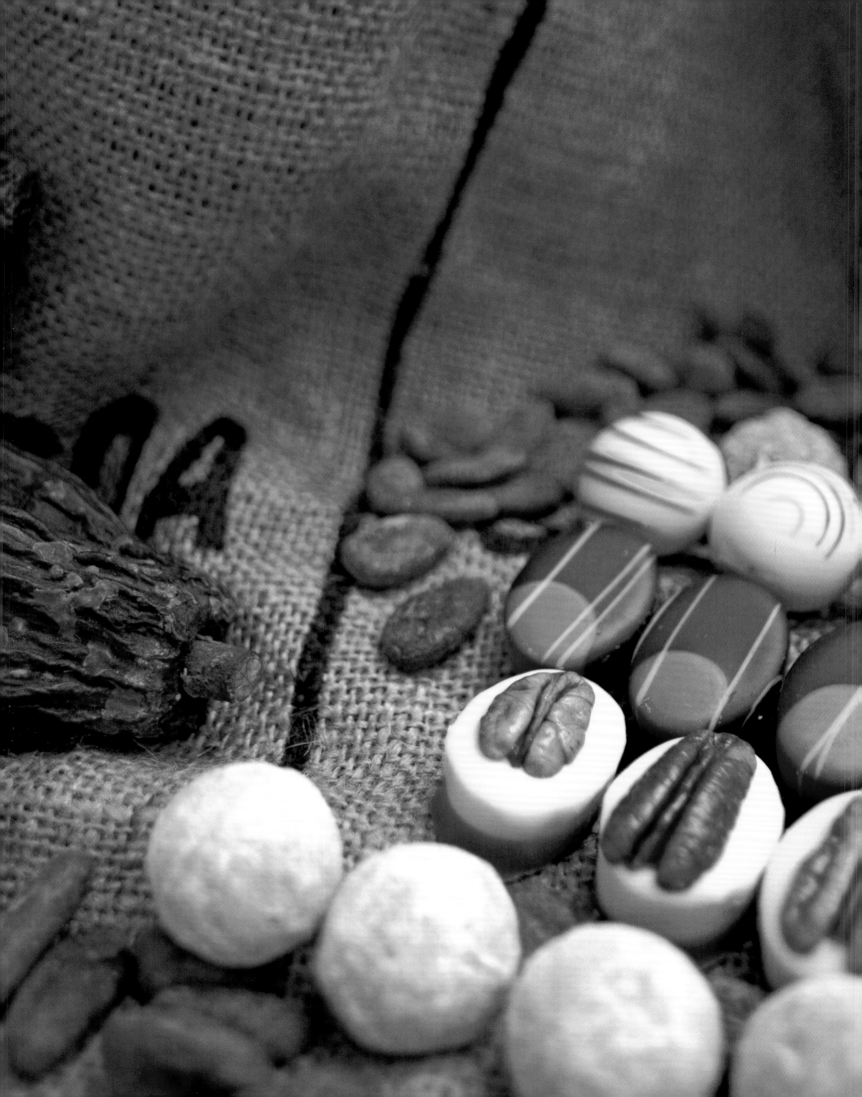

NACHHALTIG SÜSS

Der steinige Weg zur Königsbohne

Schokoladenerzeuger gibt es viele. In einem kleinen Dorf inmitten der oberösterreichischen Getreideäcker hat ein Maître Chocolatier jedoch einen wichtigen Stützpunkt für das errichtet, was man als die neue österreichische Schokoladenkultur bezeichnen könnte.

Das bedeutet auch, dem Grundprodukt dieselbe Aufmerksamkeit zukommen zu lassen wie wir es beim Wein längst gewöhnt sind. In der Kakaobohne gibt es bis zu 600 verschiedene Aromen. Für einen Puristen wie Helmut Wenschitz mehr als genug, um damit immer neue Kreationen zu erschaffen. „Ich gehe zum Ursprung der Natur und möchte diese vorhandenen Aromen herausarbeiten. Erst wenn ich damit fertig bin, kann ich mir vielleicht überlegen, etwas zuzufügen." Bei seinen handgefertigten, reinsortigen Grand Crus ist neben der häufig persönlich vor Ort getroffenen Auswahl der Edelkakaobohnen, neben der traditionellen, sorgfältigen Röstung und neben dem Kakaobohnenanteil auch die Dauer der Conchierung von Bedeutung. Sie kann bis zu 72 Stunden dauern.

So entstehen Spitzenerzeugnisse, die dem Meister jüngst eine der höchsten Ehren zuteilwerden ließen. Darf er doch als einziger Österreicher die Pur Nacional verarbeiten, die Königsbohne mit dem Ur-Gen, die erst 2011 in einer Schlucht in Peru wiederentdeckt wurde.

Quantität ist nicht in seinem Fokus. Nachhaltigkeit dafür umso mehr. „Dieser Weg war steinig. Mir ist es jedoch zum Beispiel ungeheuer wichtig, dass unsere Schablonen sich in Wasser auflösen und im Biomüll verrottbar sind. Ich möchte das, was ich mache, einfach so gut wie möglich machen." Und so sind auch die anderen süßen Versuchungen des Hauses von höchster Qualität und Frische: Trüffel und Konfekt, Trinkschokoladen, die wunderbaren Pralinenvariationen oder die entzückenden Saisonfiguren aus Marzipan, Schokolade oder Lebkuchen.

Wenn er auf das rasante Aufholen der Schokoladenkultur zu sprechen kommt, stellt Helmut Wenschitz seinen Landsleuten ein gutes Zeugnis aus und kennt auch den Grund dafür. „Weil der Österreicher eben ein Genussmensch ist."

CONFISERIE WENSCHITZ
Allhaming 47, A-4511 Allhaming
Telefon 00 43 (0) 72 27 / 71 15
www.wenschitz.at

MEHR ALS BROT
Soziale Verantwortung ernst genommen

Leidenschaft steht an zweiter Stelle in der Philosophie, auf deren Grundsätzen Helmut Gragger seine Bioholzofenbäckerei 1997 gründete. Gefolgt von Zeit und Genuss. Manche Backwarenen, wie Salzstangerl oder Semmerl tragen das, was in der Geschäftsphilosophie an erster Stelle steht, bereits im Namen: Handarbeit.

Im Gründungsjahr ließ er auch in der Alten Scharmühle in Ansfelden den ersten, den blauen Holzofen bauen, den er selbst konstruierte. Bis heute ist diese Mühle in Ansfelden Hauptproduktionsort der ausschließlich biologischen Back- und Konditoreiwaren. Mittlerweile kam ein zweiter Holzofen, ein roter, dazu, und weil die ruhige Hitze des Mühlviertler Fichtenholzes so einen besonderen Geschmack ergibt, fährt Helmut Gragger mit einer mobilen Variante des Ofens auf Märkte in Oberösterreich, Niederösterreich und Wien – einmal fuhr er sogar bis zur Slow-Food-Messe nach Turin.

Seit Sommer 2010 brauchen die Wiener aber nicht mehr auf die Markttage zu warten, um in den Genuss der biologischen Köstlichkeiten zu kommen. Im ersten Bezirk bäckt ein typischer Gragger-Holzofen Bio-Brot, Bio-Gebäck und Bio-Mehlspeisen täglich frisch. In Linz kann man gleich in mehreren Geschäften – und landauf, landab in vielen Bioläden und Lokalen – die Spezialitäten täglich frisch erwerben. In den Geschäften Graggers kann man größeren Hunger sogar gleich mit Suppen, Eintöpfen, belegten Broten, hausgemachten Aufstrichen und Antipasti stillen. Man wählt dazu sein Lieblingsbrot, denn jeder Laib wird für den Gast angeschnitten.

Die Backwaren bestehen aus möglichst ortsnah produzierten Rohstoffen und enthalten weder künstliche Farb- noch künstliche Geschmacksstoffe. Der Natursauerteig reift im Fichtenholzfass. Auf Konservierungsstoffe verzichtet Helmut Gragger ganz.

Er hält nicht viel von aufgeschriebenen Rezepten, dafür entwickelte er schon einmal über Nacht für ein italienisches Fest einen echten Dauerbrenner im Sortiment, das Pane Casareccio, einen Weizennatursauerteiglaib mit viel knuspriger Kruste und einem feinen Olivenölgeschmack. Weitere Kreationen wie das Bio-P-Brot, ein nach Palmers & Poilâne benanntes Extrem-Sauerteigbrot, das Bio-Florianer Chorherrenbrot, der Bio-Sonnen-, Kürbiskern- oder Dinkelvollkornkasten reißen Genießer

zu wahren Lobeshymnen hin. Auch das Gebäck erfüllt alle Kriterien, die verwöhnte Bio-Genießer an eine resche Jause stellen.

An Mehlspeisen, Torten und Kuchen mangelt es in den Vitrinen und Regalen nicht. Vom Bio-Englischkuchen über die Bio-Sachertorte bis zum Bio-Rotweinkuchen reichen die süßen Verführungen. Und wenn man schon in Linz oder der Umgebung ist, so sollte man sich ein Stück Bio-Linzertorte gönnen, die hier im Wesentlichen aus ausgesiebtem Dinkelmehl, Rohrzucker, Dinkelbröseln und Ribiselmarmelade besteht. Feine Gewürze verleihen der berühmten Köstlichkeit den typischen, unvergleichlichen Geschmack. Konditorin Doris ist dafür verantwortlich und bildet drei Lehrlinge aus. Bäckermeister Klaus Adelsmayr gilt als „Meister der Handsemmerl" und betreut die Lehrlinge des Caritas-Projektes „Backma's" – eine Idee von Helmut Gragger, die Menschen mit Behinderung eine Ausbildung in einem wunderschönen Beruf ermöglicht.

Karin Gragger zieht in der Organisation die Fäden im Hintergrund und stolz ist die Firma auch auf jene Mitarbeiterinnen und Mitarbeiter, die in den Verkaufsstellen kompetent und freundlich bedienen und jene, die bei Wind und Wetter ausliefern und auf die Märkte fahren.

Der Unternehmer ist sich der ökologischen und sozialen Verantwortung bewusst, seit 2002 leitet er einen Klimabündnisbetrieb. Ein Projekt liegt Helmut Gragger aber ganz besonders am Herzen: Die Township Bakery Johannesburg, ein Gemeinschaftsprojekt mit Paint For Life. In einem sehr armen Township in Johannesburg können junge Menschen eine Bäckereilehre absolvieren. Helmut Gragger betreut dieses Projekt mit seinem Fachwissen und seiner Erfahrung, die er bei der Ausbildung zahlreicher Jugendlicher in Ansfelden erwarb. Und bestimmt kriegt er auch das gebacken.

BIO HOLZOFEN BÄCKEREI GRAGGER
Helmut Gragger
Traunuferstraße 130, A-4052 Ansfelden
Telefon 00 43 (0) 6 76 / 8 43 99 71 00
www.gragger.at

GUTER MOST UND BESTE KOST

Eine ausgezeichnete Mostschänke

Um Oberösterreich kulinarisch wirklich kennenzulernen, ist eine Einkehr in eine echte Mostschänke unabdingbar. Eine, wie die Mostschänke Rohrhuber, die als eine der zehn besten des Landes ausgezeichnet wurde. Bis zum Linzer Becken und zu den Mühlviertler Bergen kann man von hier aus sehen. „Begonnen hat es als Familienraum im Bauernhaus, dort, wo früher ein Stall war", sagt Silvia Rohrhuber. Heute gibt es zwei Stuben, eine davon mit einem Kachelofen. Im Sommer steht den Gästen zusätzlich ein überdachter Bereich unter einer Laube zur Verfügung.

Wanderer, Genießer, aber auch Werktätige aus der Gegend finden dort jeden Freitag das ihre: eine herzhafte Jause, fast nur aus Eigenprodukten, mit Speck, Geselchtem, Freilandeiern, verschiedenen Aufstrichen oder hausgemachten Kuchen. Herbert Rohrhuber bedient als begeisterter und leutseliger Gastwirt und liefert als Landwirt gleich die meisten Zutaten für die Köstlichkeiten, die seine Gattin Silvia mit viel Liebe zubereitet. Aus Kräutern und Gemüse der Saison macht sie Aufstriche, nach bäuerlichen Rezepten bäckt sie Kuchen oder bereitet Leberschädel, Bratl oder Geselchtes zu. Die beliebten Bauernkrapfen kommen erst am Freitag in die Pfanne, so frisch schmecken sie nämlich am allerbesten.

Auf Streuobstbäumen rund um den Hof wachsen die Früchte für die zum Teil bereits prämierten flüssigen Genüsse der Mostschänke. Unterstützt von Sohn Gerald keltert Herbert Rohrhuber Moste aus Äpfeln und Birnen, reinsortige, Cuvées oder Mischlingsmost. Sie setzen die Liköre, wie Holunderblüte oder Nussgeist, an und füllen Cider für das junge Publikum in Seiterlflaschen. Auch einige der alkoholfreien Säfte und Nektare erhielten bereits Auszeichnungen. Hochprozentiges brennt Silvias Vater in der Kleinverschlussbrennerei des Hofs, darunter Williams, Zirbenbrand und Himbeergeist. Im neu erbauten Hofladen kann man all diese Köstlichkeiten immer frisch nach Saison – und das nicht nur am Freitag – erwerben.

Erdäpfelkas
Dieses Rezept finden Sie auf der Seite 175

MOSTSCHÄNKE
Silvia Rohrhuber
Appersberg 5, A-4073 Wilhering
Telefon 00 43 (0) 72 21 / 6 43 13
www.rohrhuber.at

KÖSTLICHKEITEN AUS GUTEM BODEN

Grünspargel und Weingenuss vom Nußböckgut

Spargel-Ziegenkäse-Stangerl
Dieses Rezept finden Sie auf der Seite 175

Der Linzer Stadtrand ist ein guter Boden. Hier – im fruchtbaren Lössboden des Leondinger Gaumbergs – gedeihen innovative Ideen und Gaumenfreuden vortrefflich. Das Nußböckgut macht es vor mit seinem beliebten Grünspargel und dem gelungenen Anbau von Wein.

Er ist zweifellos ein knackiger Typ: der Grünspargel vom Gaumberg. Sein stolzer Name „Grand Vert" (der „großartige Grüne") kommt nicht von ungefähr. „Im Gegensatz zum Bleichspargel gedeiht er an der Erdoberfläche, bei Luft und Sonnenlicht", sagt Gutsinhaber Ing. Karl E. Velechovsky, „das schmeckt man auch." Nicht nur die kurze Erntezeit von Mitte April bis Sommerbeginn macht den Grand Vert so wertvoll. Gourmets lieben ihn für seinen unverwechselbaren Geschmack. Als erfreuliche Draufgabe belohnt er mit hohem Vitamin- bei gleichzeitig geringem Nährstoffgehalt. Nur etwa 15 Kalorien pro 100 Gramm – das lässt Figurbewusste und Diabetiker jubeln. Und trotzdem ist der große Grüne ein Kraftpaket: Er versorgt den Körper auch mit Eiweiß, Mineral- und Ballaststoffen. Die enthaltene Asparaginsäure regt die Nierentätigkeit an: Sie wirkt entschlackend und entwässernd. Spargel ist auch zellverjüngend, aktiviert das Zellwachstum, kräftigt die Schleimhäute, wirkt gegen Darmträgheit. Gleichzeitig stärkt er Nerven, Konzentration und sogar die Potenz.

Im Mittelpunkt steht jedoch das unübertroffene würzig-zarte Geschmackserlebnis. Nicht umsonst wird Spargel gern als König des Gemüses bezeichnet. Ob als Snack zwischendurch oder roh geknabbert, als Suppe, Salat, Vor- oder Hauptspeise – die Möglichkeiten Grand Vert zu genießen, sind fast unbegrenzt. Sogar als süßes Dessert weiß er zu verführen: Spargel-Grießflammerie oder Parfait mit Erdbeer-Spargelragout bringen Naschkatzen zum wohligen Schnurren. Dazu passt neben so manchem feinen Tropfen vor allem der Velsecco, ein kirschroter Schaumwein in erlesener Prosecco-Manier. Und auch der kommt vom Nußböckgut.

Das Nußböckgut selbst hat eine lange Geschichte. „Die erste urkundliche Erwähnung geht auf das 13. Jahrhundert zurück",

weiß Hausherr Velechovsky. Ungeachtet dieser langen Tradition zeichnet sich das Landgut durch außerordentlichen Innovationsgeist aus. So dachten viele Leondinger an einen Scherz, als Familie Velechovsky begann, die rote Rebsorte Concordia auf den Hängen des Gaumbergs zu kultivieren. Eine Traube mit fruchtig-süßem Geschmack und relativ hoher Restsüße. Das erfreuliche Ergebnis der Velechovsky'schen Winzerleidenschaft ist ein fruchtig-prickelnder Schaumwein, der „Velsecco". Vom herkömmlichen Prosecco hebt er sich nicht nur durch sein intensives Rot ab. Sein erdbeeriger Duft und sein fruchtbetonter Geschmack mit herben Ribiselnoten und ausgeprägter Säurestruktur machen ihn zum erfrischend-sinnlichen Genuss. Damit ist er der perfekte Begleiter für jeden festlichen Anlass. Auch im Cocktail macht er eine gute Figur. Und so hat der Velsecco bereits eine beträchtliche Anhängerschar gefunden. Mit ein Grund für das Nußböckgut, ihn – zusätzlich zur 0,75-Liter-Flasche – auch als Piccolo und als Magnum-Version (1,5 Liter) abzufüllen. Und weil es die Concordia-Traube in sich hat, gönnt ihr das Nußböckgut neuerdings eine Wiedergeburt – als aromatisches Destillat namens TreVel. Der TreVel ist ein unverwechselbarer Tresterbrand mit intensiv traubigen Fruchtnoten und herber Würze. „Echt, rein, unverfälscht, ohne zugesetzte Aromen oder Zucker", betont Familie Velechovsky.

Jeder Genuss ist ein Fest. Am Nußböckgut weiß man das am besten. Darum lädt Familie Velechovsky alljährlich zum Feiern ein, wenn die ersten Grand Vert-Stangen geerntet sind. Das Spargel-Opening am Gaumberg ist mittlerweile ein Fixpunkt im Terminkalender der Oberösterreicher. Eines aber haben alle Gäste gemeinsam: die Liebe zum Grünspargel und die Freude am Genießen edler Produkte aus der Region.

NUSSBÖCKGUT
Familie Velechovsky
Gaumberg 6, A-4060 Leonding
Telefon 00 43 (0) 7 32 / 67 85 66
www.gruenspargel.at
www.velsecco.at
www.trevel.at

VOM FELD AUF DEN MARKTSTAND

Der Vollerwerbsbauer und seine Köstlichkeiten

Waldviertler Schnitzel mit Kartoffelgratin
Dieses Rezept finden Sie auf der Seite 176

Bei jeder Witterung, „ob's stürmt, schneit oder regnet", fährt er um sechs Uhr früh zu den Wochenmärkten. Am Donnerstag nach Linz-Kleinmünchen, Freitag Linz-Hauptplatz und Samstag zum Stadtplatz von Leonding. „Das gibt's nicht, dass ich sage, heute kann ich nicht", sagt Karl Eßbichl in der Küche seines Vierkanthofs, vulgo Humer z'Reith, den die Familie seit rund 200 Jahren bewirtschaftet. Denn die Kunden schätzen es, direkt beim Produzenten kaufen zu können. „Und sie brauchen die Sicherheit, dass der immer da ist." Nur wenn die Temperaturen unter minus 10 Grad Celsius sinken, startet er weder Traktor noch Lieferwagen, denn da gefrieren die Kartoffeln.

Rund um den Hof erstrecken sich die Äcker, die er gemeinsam mit Familienmitgliedern bewirtschaftet. Ursula Mistlbacher, eine von drei Töchtern, wird mit ihrem Gatten Manuel den Betrieb samt Hofladen einmal übernehmen, auch ihre Söhne Julian und Tobias machen sich schon nützlich. Zwischen ihre Spielzeughennen stellen sie Gläser für Most und Säfte auf den Tisch und füllen unentwegt das nach, was Großvater Karl aus den Früchten seines Gartens gepresst hat – köstliche, naturtrübe oder klare Birnen- und Apfelsäfte. Nur durch schonendes Erhitzen auf 80 Grad und anschließendes heißes Abfüllen in Glasflaschen oder Bag-in-Box bleiben die Säfte mindestens ein Jahr haltbar.

Der Vollerwerbsbauer baut auf seinen 25 Hektar Zuckerrüben, Körnermais, Mahlweizen und Sojabohnen an und ist nicht nur für die Säfte und Schnäpse aus eigener Brennerei, sondern auch für seine Speisekartoffeln bekannt. Die Sorten Berber, Christa und Valetta reifen früh, Agria und Bintje ergeben als mehlige Sorten flaumige Pürees und herrlich mürbe Beilagenkartoffeln, während die festkochenden Linzer Delikatess, Ditta oder die seltenen Kipfler Basis für g'schmackige Salate bilden.

Wenn die Enkel von den Spielzeugtieren genug haben, gehen sie hinüber zu den Legehennen, die täglich an die 1 000 Eier legen, um beim Sortieren und Stempeln zu helfen. Im Hofladen schichten sie sie in große Körbe. Ganz vorsichtig, denn den Unterschied zwischen Wirklichkeit und Spiel kennen sie schon lange.

HOFLADEN
Karl & Elisabeth Eßbichl
Limesstraße 34, A-4060 Leonding
Telefon 00 43 (0) 7 32 / 67 48 74

G'MEINSAM SCHOFF'N

In denkmalgeschütztem Ambiente

Immer wieder verlangen Hungrige im Gasthaus Schoffpau'r nach Lamm. Ab und zu kommt es auf die Speisekarte, denn für Maria Hoflehner ist Kochen eine Passion und da werden Wünsche gerne erfüllt. Doch der Name leitet sich nicht, wie man vermuten könnte, von „Schaf" ab, sondern von „schaffen". So konkurriert das Lamm vornehmlich mit Gerichten wie Hascheeknödel, Rindsgulasch oder der resch gebratenen Blunz'n.

„Früher war das Gebäude ein Teil des Schlosses Bergham", sagt Hermann Hoflehner, der mit viel Umsicht und Schmäh die Gäste betreut. „Dessen Verwalter ‚schaffte' hier. Es wurde aber auch immer schon ausgeschenkt." Ein Architektenteam passte das vor 370 Jahren erbaute, denkmalgeschützte Haus den Anforderungen der heutigen Besitzer an. Die Kombination von landwirtschaftlicher Gutshofatmosphäre und moderner Technik ist perfekt gelungen. Das Alte wurde restauriert und bewahrt, das Neue streift als frische Brise um die barocke Stuckdecke. Die Örtlichkeit kann flexibel gestaltet werden und bietet etwa 60 Personen Platz. Groß genug für verschiedene Feste, die auch im verwunschenen Gastgarten zwischen Rosenstöcken und knorrigen Laubbäumen stattfinden. Aber doch noch so klein, dass eine persönliche Betreuung durch den Wirt möglich ist.

„Wir haben beide eine große Affinität zum Kochen und zu gutem Essen", sagt Maria, die gutbürgerliche Hausmannskost nach Saison zubereitet. „Wir wollten auch gerne zusammen selbständig arbeiten und stiegen 2006, als das Gasthaus zu pachten war, quer ein." Es war eine Entscheidung, die den ehemaligen Techniker und die einstige medizinische Fachkraft offensichtlich glücklich macht. Man spürt es an den liebevollen Details der Einrichtung und Gestaltung ebenso wie am Umgang miteinander und mit den Gästen.

Und an dem, was aus der Küche kommt. Nicht zufällig ist der Schoffpau'r ein „KultiWirt", steht er doch für gehobene Gastronomie traditioneller Wirtshauskultur und trägt darüber hinaus das „AMA"-Gasthaussiegel für qualitätsbewusste Regionalität und kulinarisches Erbe.

GASTHAUS SCHOFFPAU'R
Maria & Hermann Hoflehner
Weinbergweg 2, A-4060 Leonding
Telefon 00 43 (0) 7 32 / 68 01 01
www.schoffpaur.at

Lammkronen auf Wildkräutersalat
mit Bratkartoffeln und Schafjoghurtdip
Dieses Rezept finden Sie auf der Seite 176

MITTEN IM SCHÖNEN DORF

Der Gasthof mit gemütlicher Atmosphäre

Der Gasthof Templ in Sankt Marien wartet mit allem auf, was man sich unter einem Dorfgasthof vorstellt. Im Sommer blickt man unter dem Schatten der imposanten Kastanienbäume auf die Kirche, im Winter spielt man, am Kachelofen sitzend, mit Freunden Karten. Gleich mehrere Gasträume stehen für verschiedene Anlässe zur Verfügung. Das Bertastüberl bietet bis zu 80 Personen Platz, der große Saal fasst bis zu 350 Gäste, die hier nicht nur nach Herzenslust genießen können, sondern auch der lokalen Theatergruppe applaudieren, bei einem Faschingsball das Tanzbein schwingen oder einem Vortragenden lauschen. So eignet sich der Gasthof auch sehr gut für Hochzeiten, Geburtstagsfeiern und Jubiläen. Die traditionelle Atmosphäre schätzen örtliche Vereine und Gesellschaften ebenso wie Reisende, die auch in einem der Fremdenzimmer übernachten können.

Bis in der gemütlichen Zirbenholzstube die alte Pendeluhr die Sperrstunde schlägt, zapft Christian Templ nicht nur Bier, braut Kaffee oder schenkt prämierten Apfel- oder Birnenmost seines Schwiegervaters aus, sondern serviert bis Küchenschluss, was seine Frau zubereitet. Entweder Saisonales, wie Wild oder Fisch, oder Hausmannskost, wie Ripperl mit Semmelknödel und warmem Krautsalat. Auf der Speisekarte sind auch Klassiker wie Schinken-Käse-Röllchen, Wiener Schnitzel und Schweinelendchen in Pfefferrahmsauce vertreten. Des Weiteren wird täglich von Mittwoch bis Freitag ein abwechslungsreiches Mittagsmenü angeboten. Dazu kann man die perfekt passenden Kultgetränke Frucade und Schartner Bombe in die Gläser zischen lassen. Der Wirt ist stolz, den Familienbetrieb weiterführen zu können.

Oft kann Heidi Templ auch mit der Unterstützung von Sohn Florian rechnen. „Wenn er da ist, packt er in der Küche mit an. Er hat das ja gelernt und will irgendwann den Betrieb übernehmen." Meist allerdings stürmt der Profifußballer auf das Tor des jeweiligen Gegners. Und schon jetzt brutzelt in den Pfannen des Gasthofs gesunde Sportlerkost, die Florian dann auch gerne mit seinen Teamkollegen gemeinsam genießt.

GASTHOF TEMPL
Christian Templ
St. Marien 15, A-4502 St. Marien
Telefon 00 43 (0) 72 27 / 81 88
www.templ.at

DES WAIDMANNS HALALI AM HERD

Was es außer Wild noch gibt

Mit Kräutern gefülltes Maibock-Schnitzerl
und Kartoffel-Rotkrautknödel
Dieses Rezept finden Sie auf der Seite 177

Die Straße endet an der Pfarrwiese, unterhalb der Kirche der Gemeinde Hofkirchen. Die Äste des mächtigen Ahornbaums reichen bis zum Parkplatz, doch spendet er hauptsächlich den Gästen des Hofkirchnerstüberls Schatten, wenn sie an sonnigen Sommertagen draußen auf der Terrasse sitzen. Da ist für 50 Personen Platz. In den Gasträumen können noch einmal so viele von Christine Pickl und ihrem freundlichen Team bewirtet werden, die übrigens neuerdings als Caterer immer öfter auch auswärts bei Hochzeiten oder anderen Feiern Friedrich Pickls Köstlichkeiten auftragen.

Vor mehr als zwanzig Jahren übernahmen Christine und Friedrich Pickl den elterlichen Betrieb. Ursprünglich hatte es da nur die kleine Gaststube, den ehemaligen Hühnerstall, gegeben. Christine erinnert sich an die Zeiten, als ihre Schwiegereltern die Landwirtschaft um eine Ausschank bereicherten, zu der hauptsächlich Männer zum Kartenspielen kamen. „Wir mussten dann bald alles vergrößern, denn mein Mann kocht gerne und gut, und es sprach sich schnell herum, dass man auch zum Essen hierher kommen kann."

Nur wenige Jahre nach der Übernahme baute das junge Paar einen großen Speisesaal an und gestaltete das Lokal zu einem echten Familienhit um, mit nahem Spielplatz und Wiese zum Austoben. Und auch Flocki fühlt sich wohl in der Gesellschaft von Pickls Jagdhund Aiko. Denn der Küchenchef versteht sich nicht nur auf die Wildzubereitung, für die er schon Auszeichnungen vom Jagdverband und der Region erhielt, sondern ist auch Waidmann, der am liebsten selbst Erlegtem mit seinen Zutaten Pepp verleiht. Außer Wildbret schätzen die Gäste seine gutbürgerliche Hausmannskost, die vom saisonalen Angebot der Region bestimmt wird. Schwammerlwochen, Fischwochen oder Knödelwochen bringen Abwechslung, ganz so, wie die Natur sie vorsieht.

Heutzutage beeilen sich auch die treuen Kartenspieler, das Mittagsmenü zu bestellen, Knoblauchsuppe und Fleckerlspeise zum Beispiel, denn das ist meist schneller ausverkauft als sie „Trumpf" sagen können.

HOFKIRCHNERSTÜBERL
Friedrich Pickl
Hochhausstraße 9, A-4492 Hofkirchen
Telefon 00 43 (0) 72 25 / 72 06
www.hofkirchnerstueberl.at

F(R)ISCH GEWAGT

... und ganz gewonnen

reitag ist Fischtag. So will es die gute österreichische Küchentradition. Freitag ist seit siebzehn Jahren auch Stadtmarkttag auf dem Linzer Hauptplatz, eine junge Tradition, die Fischereimeister Wolfgang Hiesmayr, vulgo Jagerbauer, seit vielen Jahren wesentlich mitprägt. Dort vermarktet die Familie heimische Fische und daraus erlesene Spezialitäten wie gebeizte Lachsforelle, Terrinen, über Buchenholz geräucherten Saibling, Forelle oder Karpfen, Waller und Hecht.

Den Einstieg in die Vermarktung wagte seine Frau, Mag. Gertraud Hiesmayr-Ostheimer, gemeinsam mit ihren Eltern, die sich mit fünf Produkten aus der eigenen Fischaufzucht, nämlich lebenden Fischen, Räucherfischen, Filets, Aufstrichen und Salat damals um einen Marktplatz bewarb. „Es war ein Abenteuer", sagt sie. Heute ist Jagerbauer ein Markenbegriff für heimische Qualitätsfischwaren, der sich auf der Produktliste vieler Spitzenköche findet. Feinschmecker angeln sich hier mittlerweile auch Buffetplatten und Halbfertigspeisen, wie Forellenlaibchen, Räucherforellenknödel oder Forellencremesuppe.

In fünf Teichen wachsen neben dem Bach Jungfische unter sorgfältiger Pflege heran. „Fisch wächst ein Leben lang", sagt Wolfgang Hiesmayr und blickt auf die Wasserflächen der Naturteichanlage, wo die Forellen lustig um die Wette springen. Der natürliche Nahrungskreislauf ist ihm bei der Fischaufzucht wichtig. „Das Futter beeinflusst den Geschmack. Ebenso bedeutend für die Qualität ist die händische Verarbeitung." Bis zu neunmal geht ein Fisch durch die Hände des Teams bevor er frisch verpackt als geräuchertes Filet in der reichlich gefüllten Verkaufstheke landet. Auch die Kinder Maria Luise, Georg und Christina sind bereits im Familienbetrieb eingebunden. Mit absoluter Frische, Verarbeitung nach Hausrezepten und dem großen Verantwortungsbewusstsein erwarben sich die Spezialitätenerzeuger bereits zahlreiche Gütesiegel und Prämierungen. Wer einmal beste oberösterreichische Bauerngutstradition unverfälscht erleben möchte, dem sei ein Besuch im Hofladen Jagerbauer empfohlen.

Forellenfilet auf Gemüsebeet
Dieses Rezept finden Sie auf der Seite 178

JAGERBAUER FISCHSPEZIALITÄTEN
Mag. Gertraud und Wolfgang Hiesmayr
Kiebach 6, A-4491 Hofkirchen / Traunkreis
Telefon 00 43 (0) 72 25 / 73 40
www.jagerbauer.at

DER NAME IST PROGRAMM

Ältester Weinbaubetrieb Oberösterreichs

Hofkirchner Hirschkalb in Rotweinsauce
Dieses Rezept finden Sie auf der Seite 178

Weinbauer, das sagt eigentlich schon alles, was unseren Gasthof ausmacht", sagt Klaus Bauer, der das „traditionsreiche Unternehmen in der nunmehr vierten Familiengeneration führt. Erstmals erwähnt wurde das auf einer Kuppe liegende Anwesen, von dem man einen Rundumblick über die Felder, Jagdgründe und Hügel des Linzer Umlands hat, im Jahr 1404. Den namensgebenden Weinbaubetrieb, den ältesten des Landes Oberösterreich, gründete Urgroßvater Franz aber erst im Jahr 1947. Angebaut wird die sehr seltene Sorte Oberlin Noir, gekeltert ein Roter Hudler. Seit 2001 ist das ehemalige Herzog-Gütl auch ein familiengeführter Beherbergungsbetrieb, in dem die Großeltern des jungen Unternehmers familiäre Geborgenheit verströmen.

„Ich arbeite im Einklang mit der Natur und halte die Traditionen hoch, weil ich sicher bin, dass dies das Beste für meine Gäste ist. Auch im Urlaub suche ich mir so ähnliche Wirtschaften, wie wir sie hier führen." Dazu gehören großzügige Terrassen, Kegelbahnen, ein gemütlicher Speisesaal, die gute Stube und der Hochzeitssaal. Das Fortführen der Tradition eines ganz alten Hauses ist ihm wichtig. Dazu gehört, dass die Küche auch Produkte aus eigener Erzeugung, vor allem aus dem Rotwildgehege, verarbeitet, zu denen der hauseigene Oberlin Noir sehr gut passt. „Das Fleisch aus dem eigenen Revier oder dem der örtlichen Jagdgesellschaft ist sicher unser Topprodukt. In freier Natur sucht das Wild sich seine eigene Nahrung und selektiert nur das Beste. Und das wirkt sich auf die Qualität des Fleisches aus. Aber ich lege generell Wert auf Regionalität und Nachhaltigkeit. Das Gemüse beziehen wir vom Nachbarn, einem Biobauern, die Äpfel aus unserem eigenen Garten."

So ist die Speisekarte des Ganzjahresbetriebs stark saisonal und regional geprägt, mit Backhenderl, Wildbretgerichten und Fisch aus heimischen Gewässern. In dem beliebten Ausflugsziel und Erholungsgasthof finden Wanderer aber auch typische Jausen, wie Schmalzbrot, Ripperl oder Bratlfett und lassen sich dazu ein Stamperl hausgemachten Schnaps oder Traubensaft wohl schmecken.

GASTHOF HEURIGER WEINBAUER
Distelberg 2, A-4492 Hofkirchen
Telefon 00 43 (0) 72 25 / 7 23 60
www.ghweinbauer.jimdo.com

VIERKANTER MIT JUWEL

Kraftort am Hügel

Damhirsch-Roulade nach Art des Hauses
Dieses Rezept finden Sie auf der Seite 179

Schwer zu sagen, woher es kommt, das Gefühl, hier Kraft tanken zu können, auf diesem Hügel mit dem Rundumblick ins Endlose. Man ist da und fühlt sich wohl, wenn man die paar Kilometer von der Autobahn über enge, gewundene Landstraßen getuckert ist und in der Stube des Landgasthofs Schmidbauer, vulgo Mair-Valtl, am Tisch der freundlichen einheimischen Stammgäste Platz genommen hat. Wirt Florian (der Dritte) ist ausgebildeter Koch und Restaurantfachmann, hilft aber seinem Vater in der Landwirtschaft und kann darum nicht gleich auf die Fragen antworten. Unwetter brachten Hochwasser, und nun kämpfen beide gegen die drohende Überflutung des Baches.

An ruhigen Tagen ist der Landgasthof mit Fremdenzimmern ohnehin „ein Einpersonenbetrieb", den Florians Mutter schaukelt. Vom Stammtisch aus sieht man sie in ihrer weißen Schürze durch die offene Küchentür werken, bis sie die Kaspressknödel in hausgemachter echter Rindsuppe serviert.

Stammgast Josef in der dicken Wollweste bestellt sich gleich noch köstliche Topfenknödel mit Zwetschkenröster und sagt: „Frau Schmidbauer verzaubert die Küche". Sie tut dies seit mehr als 25 Jahren, und ihre Wildgerichte mit Wildbret aus dem eigenen Damwildgehege und von der heimischen Jägerschaft haben sie weitum berühmt gemacht.

Zu den vorösterlichen Fischtagen kommen vor allem heimische Fische auf die Teller. Nicht nur der große Naturgastgarten mit herrlichem Panorama bildet einen tollen Rahmen für Feste aller Art. Auch den großen Saal, das Stüberl und den originellen Stadl durchzieht die familiär-herzliche Atmosphäre des Hofs.

Die Gefahr durch das Wasser ist gebannt, die beiden Florians kommen zurück. Der Vater setzt sich zu den Kartenspielern, der Sohn holt einen alten Schlüssel, mit dem er das Tor der Wallfahrtskirche Ruprechtshofen aufschließt. Nur wenige Schritte sind es zu dem Barockjuwel. Die Kirche wurde, so erzählt er, über einer römischen Kultstätte erbaut. Einzigartig lässt es sich hier in der Abgeschiedenheit, so nah von Linz, Wels und Steyr heiraten und taufen. Und Kraft tanken.

LANDGASTHOF SCHMIDBAUER
Ruprechtshofen 1, A-4491 Niederneukirchen
Telefon 00 43 (0) 72 24 / 70 59

ITALIENISCHES LEBENSGEFÜHL

In historischem Ambiente

"Unsere Gäste vergessen hier gerne die Zeit, und wir sehen es als unsere Aufgabe, ihnen dies zu ermöglichen", sagt Gabriele Holley auf der Terrasse vor der Sala di Napoleon. Benannt nach Napoleon Bonaparte ist der helle, freundliche Schlosssaal mit Gewölbe und Ausblick auf den Schlossgraben das perfekte Ambiente auch für den schönsten Tag im Leben. Und so ist es nicht verwunderlich, eine Braut anzutreffen, die letzte Handgriffe an den Blumenschmuck und die Bonbonschalen legt. Morgen wird sie im weißen Kleid über die Treppe des um 1570 in seiner heutigen Form erbauten Schlosses zur gedeckten Tafel schreiten. Das Hochzeitsmenü hat sie, beraten von Gabriele und Markus Holley, längst gewählt.

Es wird, wie alle Menüs des La Tavola, Italien auf den Tisch bringen. Als Direktimporteure beziehen die Gastwirte Weine, Grappe, Öle und viele andere Spezialitäten direkt aus dem Nachbarland und inspirieren ihre Köche zu Meisterleistungen. In der Castelloteca steht vieles davon zu Ab-Hof-Preisen zur Wahl. In höchsten Tönen loben sogar Italiener die selbst marinierten Antipasti oder die nach alten Originalrezepten zubereitete italienische Hausmannskost.

Das Abendrestaurant wird entweder unter freiem Himmel oder im nicht minder romantischen mittelalterlichen Kellergewölbe – man möchte angesichts der Kulisse fast sagen „bespielt". Die Wirte entscheiden darüber, und ihre Entscheidung ist unanfechtbar. Es gibt weder eine Speise- noch eine Weinkarte, aber eine Tafel, die Markus Holley von Tisch zu Tisch trägt. Manchmal schleppt er sie ans Ende eines steilen Treppenaufstiegs, an dessen Absatz gerade Platz genug für einen Tisch und zwei Sessel ist – die einzigartige „Dinner-for-two"-Option des ungewöhnlichen Restaurants.

Und weil Italien ohne Strand undenkbar ist, wird die Braut morgen über feinen Sand laufen, um auf der Wiese ihren Hochzeitswalzer zu tanzen. Fünfundsechzig Tonnen wurden aufgeschüttet, auch damit man, zum Beispiel bei einem Jazzbrunch, auf Liegestühlen die Zeit vergessen kann.

LA TAVOLA E CASTELLOTECA
Familie Holley
Schloss Ennsegg
Schlossgasse 4, A-4470 Enns
Telefon 00 43 (0) 6 76 / 3 43 40 63
www.gastundgeber.at

REZEPTE

TAGLIATELLE MIT PEPPERONCINI-LIMETTENSAUCE UND GEBRATENEN GARNELEN
Trattoria Ventuno, Seite 116

ZUTATEN
500 g getrocknete Tagliatelle, frisches Basilikum nach Geschmack

SAUCE
4 Pepperoncini, 1 Zwiebel, 1 Lauch, 2 Knoblauchzehen, 125 ml Weißwein, 500 ml Gemüsefond, 250 ml Schlagobers, Saft einer Limette, etwas Olivenöl, 1 EL Maisstärke, Salz, Pfeffer

GARNELEN
16 Garnelen ohne Schale, Rosmarin nach Geschmack, Olivenöl zum Anbraten, Salz, Pfeffer

ZUBEREITUNG
Zwiebel, Lauch, Knoblauch und Pepperoncini klein hacken und in Olivenöl farblos anbraten. Mit Weißwein ablöschen, kurz aufkochen lassen, dann Gemüsefond, Limettensaft und Schlagobers beimengen. Auf kleiner Flamme köcheln lassen, bis die Pepperoncini weich sind. Die Sauce mit einem Stabmixer pürieren, würzen, noch einmal kurz aufkochen lassen.
Maisstärke mit einem Löffel Wasser verrühren, in die Sauce einrühren und damit binden.
Die Garnelen mit Pfeffer und Salz würzen, in Olivenöl anbraten. Den Rosmarin dazugeben, dann die Pfanne beiseite stellen.
Die Tagliatelle in reichlich Salzwasser bissfest kochen. Die Sauce nochmals erhitzen, Nudeln darin schwenken. Tagliatelle mit Sauce in einem runden, tiefen Teller anrichten, Garnelen darauflegen, mit Basilikumblättern garnieren.

BRATL MIT STÖCKLKRAUT UND SERVIETTENKNÖDEL
Haltestelle z'Oftering, Seite 118

ZUTATEN
1 kg Schweineschopf mit Schwarte, 2 Zwiebeln, 4 Knoblauchzehen, 1 Weißkrautkopf, Kümmel, Salz

SERVIETTENKNÖDEL
2 kg Knödelbrot oder gewürfeltes Weißbrot, 5 Eier, 250 ml Milch, Muskatnuss, Salz, Pfeffer

ZUBEREITUNG
In einem Topf Wasser zum Kochen bringen und darin die Schweineschwarte kurz überkochen, bis sie geschmeidig ist. Dann schneidet ein kleines Karomuster in die Schwarte, nimmt dann eine Handvoll Salz mit Kümmel und reibt damit das Fleisch rundum ein. Den Knoblauch schält und passiert man, dann reibt man ihn auf das Fleisch. Zwiebeln schälen und fein hacken. Den Schopf mit der Schwarte nach oben in eine Kasserolle legen, geschnittene Zwiebeln darüber streuen und etwa 90 Minuten bei 180 °C im Rohr braten. Dabei verliert das Fleisch Fett, mit dem man das Bratl immer wieder übergießen muss. Für das Stöckelkraut vom Weißkraut die ersten Blätter entfernen. Den Kopf achteln, mit etwas Salz und Kümmel würzen und etwa 40 Minuten vor Ende der Garzeit des Fleisches die Krautstücke in die Kasserolle geben und mit dem Bratl mitgaren.
Für die Serviettenknödel die Brotwürfel in eine Schüssel geben. Milch zum Kochen bringen und das Brot damit übergießen. Saugen lassen. Wenn es überkühlt ist, die Eier trennen, Dotter zum Brotmilchgemisch fügen und mit den Händen gut vermengen. Eiklar schlagen und unterheben. Mit Salz, Pfeffer und Muskat nach Geschmack würzen. Die Masse häuft man auf Klarsichtfolie oder ein Baumwolltuch und formt eine Rolle, die vollständig mit Folie oder Tuch bedeckt sein muss. Tuch an den Enden mit Bindfaden zusammenbinden. Fest pressen.
In einem Topf Wasser zum Kochen bringen, Knödel darin 30 bis 40 Minuten köcheln lassen.
Das Stöckelkraut mit Bratlsaft übergießen, Serviettenknödel aufschneiden und als Beilage zum Fleisch servieren.

SEESAIBLINGFILET MIT SAFRANFENCHEL
Göttfried im Schrot, Seite 122

ZUTATEN
700 g Seesaiblingfilet, 100 ml Noilly Prat, 100 ml Pernod, 2 Fenchel, 2 Tomaten, Olivenöl zum Anbraten, 250 ml Gemüsebrühe, Tomatenessig nach Geschmack, 1 Handvoll Mehl, 1 EL Butterschmalz,100 g Butter, etwas Safran, Salz, Pfeffer aus der Mühle, Fenchelpollen nach Geschmack

ZUBEREITUNG
Die Seesaiblingsfilets am besten mit einer Pinzette sorgfältig von den Gräten befreien. In einem Topf Noilly Prat und Pernod erhitzen und um die Hälfte reduzieren. Den Fenchel waschen und in die gewünschte Form schneiden. Die Tomaten kurz blanchieren, abschrecken, schälen, vierteln und entkernen.
Fenchel in Olivenöl farblos anbraten, mit der Reduktion ablöschen, etwas Safran beifügen, dann mit der Gemüsebrühe auffüllen und bissfest kochen. Mit Salz, Pfeffer und Tomatenessig abschmecken. Kurz vor Ende der Garzeit die Tomaten dazu geben und mit Butter binden.
Den Fisch salzen und auf der Hautseite leicht mit Mehl bestauben. Butterschmalz in einer Pfanne schmelzen, zum Braten auf mittlere Stufe erhitzen und nur ungefähr 3 bis 4 Minuten darin lediglich auf der Hautseite glasig braten. Auf dem Fenchelgemüse anrichten.

RINDSROULADE VOM ROSTBRATEN MIT ARTISCHOCKENHERZEN GEFÜLLT AUF CREMIGER POLENTA
Schloss Traun Restaurant-Café, Seite 124

ZUTATEN
4 Scheiben Rostbraten à 180 g, 4 Artischockenherzen, 1/2 Zwiebel, 2–4 Knoblauchzehen, 1–2 Zweige Thymian, 2 Scheiben Toastbrot, 1 Bund Petersilie, 1 Ei, 1 TL Dijonsenf, 1 Handvoll Speckwürfel, 1 Bund Wurzelgemüse, 1 EL Tomatenmark, 500 ml Rotwein, 500 ml Rindersuppe, 2 EL Maizena, 3 Handvoll Mehl, etwas Butter, Olivenöl zum Braten, Butterschmalz zum Anbraten, Salz, Pfeffer

POLENTA
250 ml Milch, 250 ml Wasser, 80 g Maisgrieß, 50 g Butter, 2 gehäufte EL geriebener Parmesan, Salz, Pfeffer

ZUBEREITUNG
Zwiebel und Artischocken in Streifen schneiden, in Olivenöl anbraten und mit Salz, Pfeffer, Thymian und gehacktem Knoblauch würzen. Toastbrot würfeln, in einem anderen Topf in Butter anbraten, dann mit der Artischockenmasse verrühren. Mit gehackter Petersilie und Ei vermengen und zu einer kompakten Masse verrühren. Den Rostbraten klopfen, beidseitig salzen und pfeffern und die Innenseite mit Senf bestreichen. Mit der Masse füllen, zu Rouladen rollen und mit Küchengarn oder Zahnstocher fixieren. Rouladen in Mehl wenden, dann in Butterschmalz kräftig anbraten. Rouladen herausnehmen, in derselben Pfanne gewürfelten Speck, grob geschnittenes Wurzelgemüse und Tomatenmark dunkel rösten und mit dem Rotwein ablöschen. Rouladen wieder einlegen und mit Rindsuppe auffüllen. Zugedeckt circa eine Stunde dünsten. Die Rouladen entnehmen, den Faden oder die Zahnstocher entfernen und den Saft durch ein Sieb passieren. Mit Maisstärke eindicken. Aufkochen lassen, nochmals abschmecken und mit Butterflocken montieren.
Für die Polenta Wasser und Milch mit Butter aufkochen, Polenta mit etwas Salz zugeben und auf kleiner Flamme weich kochen. Zuletzt Parmesan einrühren.
Dazu passt saisonales Gemüse, das man knackig und bissfest kocht und abschließend in Butter schwenkt.

REZEPTE

KRAUTSTRUDEL
Gasthof Hotel Stockinger, Seite 126

ZUTATEN
200 g Weißkraut, 40 g Bauchspeck, 40 g Zwiebeln, 20 g Butter, 1–2 Prisen Zucker zum Karamellisieren, 250 ml Schlagobers, 1 Eidotter, 1 Handvoll geriebene Haselnüsse, 2 Handvoll Semmelbrösel, 250 g Strudelteig, Muskatnuss, ganzer Kümmel, Salz, Pfeffer

ZUBEREITUNG
Das Weißkraut waschen, teilen. Dann den Strunk entfernen und das Kraut in feine Streifen „Julienne" schneiden. In einem Topf etwas gesalzenes Wasser zum Kochen bringen und das Kraut einige Minuten darin blanchieren. Den Bauchspeck in kleine Würfel schneiden. Zwiebel schälen und ebenfalls würfeln. In einer Pfanne etwas Butter schmelzen, Zwiebeln und Speck leicht anrösten, mit Zucker karamellisieren. Das Weißkraut beifügen, kurz mitrösten und mit Salz, Pfeffer, Muskatnuss und Kümmel würzen. Mit Schlagobers ablöschen und 10 bis 15 Minuten köcheln lassen. Abkühlen lassen.

Nüsse und Brösel in Butter rösten, den Eidotter in die Krautmasse einarbeiten und mit den gerösteten Nüssen und Brösel binden.

Den Strudelteig kann man fertig kaufen und nach Anleitung auf der Verpackung vorbereiten. Er eignet sich sowohl für süße wie auch für herzhafte Füllungen. Zum Belegen breitet man ein leicht angefeuchtetes Tuch auf dem Küchentisch aus und faltet die hauchfeinen Teigblätter auseinander. Man legt sie im rechten Winkel versetzt hintereinander auf und sollte dabei darauf achten, dass die Naht nicht zu schmal ausfällt, da sonst die Fülle auslaufen könnte. Dann belegt man die untere Hälfte des Teigs mit der Fülle und rollt ihn mithilfe des Küchentuchs vorsichtig zu einem Strudel.

Zum Schluss bestreicht man den Strudelteig mit verquirltem Ei und bäckt bei 170 °C ungefähr 25 Minuten. Dazu passen Salzkartoffeln und ein Sauerrahmdip.

DINKELGRIESSNOCKERLSUPPE
Gasthof Rahofer, Seite 128

ZUTATEN
1 kg Rindsknochen, 1/2 kg Beinfleisch vom Rind im Ganzen (auch: Tafelspitz, weißes Scherzl zum Kochen, Siedefleisch), 2 Karotten, 1 gelbe Karotte, 1/2 Sellerie, 2 Zwiebeln, 2 Petersilienwurzeln, 1 Lorbeerblatt, Pfefferkörner, Salz, 1 TL Liebstöckelblätter

NOCKERL
140 g Dinkelgrieß, 70 g Butter, 2 Eier, 1 TL Salz, Muskatnuss, Bertram, Galgant, Weißer Pfeffer (letztere nach Geschmack)

ZUBEREITUNG
In einem hohen Topf etwa zwei Liter Wasser zum Kochen bringen, die Knochen hineingeben, sie müssen vollständig bedeckt sein. Nach ungefähr zehn Sekunden das Wasser ableeren und die Knochen mit circa fünf Liter kaltem Wasser ansetzen. Mark sollte man zuvor aus den Knochen entfernen, da die Suppe sonst trüb wird. Zum Siedepunkt bringen, die Suppe darf nie kochen, da sie sonst ebenfalls eintrübt. Fleisch und Salz beigeben, den Schaum abschöpfen und Lorbeerblatt, Salz und Pfeffer beifügen. Eine Stunde leicht köcheln lassen. Das Gemüse schälen und in großen Stücken zusammen mit dem Liebstöckl dazufügen. Noch eine weitere Stunde köcheln lassen, bis das Fleisch weich ist.

Nockerl: Butter in einer Schüssel weich werden lassen. Eier, Grieß, Salz, Muskatnuss, Bertram, Galgant und weißen Pfeffer nach Geschmack beifügen und mit dem Handmixer gut verrühren. Zwanzig Minuten im Kühlen rasten lassen.

In einem Topf zwei Liter Salzwasser zum Kochen bringen. Mit zwei Teelöffeln Nockerl formen und vorsichtig ins kochende Wasser gleiten lassen. Etwa fünf Minuten kochen lassen, danach noch zwanzig Minuten ohne Feuer ziehen lassen.

Die Suppe abseihen, abschmecken und in Suppenteller geben. Nockerln dazu geben. Das Rindfleisch kann man als Hauptspeise, das Gemüse als Beilage oder als zusätzliche Suppeneinlage verwenden.

REHRÜCKEN AUF KRÄUTERNUDELN MIT HONIG-ROTWEINJUS
Landgasthof zur Kanne, Seite 130

ZUTATEN
1 Rehrücken, enthäutet (ca. 2 kg), 60 ml Olivenöl, 1 Zweig Thymian, 1 Zweig Rosmarin, Salz, Pfeffer

HONIG-ROTWEIN-SAUCE
500 ml Zweigelt Rotwein, 60 ml Balsamicoessig, 60 ml frisch gepresster Orangensaft, 2 EL braunen Zucker, 3 EL Honig, 3 EL Obers, Salz, Pfeffer aus der Mühle

NUDELN MIT PESTO
400 g Bandnudeln, 1 Bund Basilikum , etwas Kerbel nach Geschmack, 1/2 Bund Petersilie, 60 ml Olivenöl, 3 Knoblauchzehen, 20 g Parmesan frisch gerieben, 2 EL Pinienkerne, Salz, Pfeffer

ZUBEREITUNG
Den Rehrücken gut mit Salz einreiben, Pfeffer darüber mahlen. In einer Pfanne Olivenöl erhitzen und das Fleisch darin kurz anbraten. Backrohr auf etwa 80 °C vorheizen, den Rehrücken in ein Reindl geben, Thymian und Rosmarinzweige dazugeben und 15 Minuten im Rohr bei 80 °C rosa braten. Dann das Fleisch von den Knochen lösen und in Scheiben schneiden.

Für den Rotweinjus den Rotwein zusammen mit dem Balsamicoessig, dem Honig, braunem Zucker, frisch gepresstem Orangensaft in einem Topf erhitzen. Salzen und pfeffern. Am besten nimmt man Pfeffer aus der Mühle. Die Sauce zum Kochen bringen und dann köcheln lassen, bis sie auf einen viertel Liter reduziert ist. Wenn gewünscht, mit etwas Maizena binden. Abschließend das Obers dazugeben und gut verrühren.

Die Nudeln in reichlich Salzwasser etwa al dente kochen. Danach abseihen und beiseite stellen. Für das Kräuterpesto Basilikum, Kerbel, Petersilie, Olivenöl, geschälte Knoblauchzehen, Parmesan, Pinienkerne in einen hohen Becher geben und mit dem Stabmixer zerkleinern. Salzen und pfeffern. Das Pesto in eine Pfanne geben, erhitzen und die Nudeln darüber leeren. Durchschwenken, fertig. Als Garnitur kann man eine Preiselbeerbirne beigeben.

BESOFFENER WINZER
Most- und Weinheuriger Martina Hammerl, Seite 134

ZUTATEN
TEIG
8 Eier, 300 g Zucker, 1 Vanillezucker, 1/2 Zitrone (Saft und Schale), Prise Zimt, 200 g Haselnüsse, 200 g Mehl, 1/2 Pk Backpulver, etwas Öl und Butter

WEINGUSS
500-750 ml Weißwein, etwas Zitronensaft, etwas Rum, 3–4 EL Zucker, 1 TL Vanillezucker, Nelken und Zimtrinde nach Gefühl, 1 Becher Obers zum Verzieren

ZUBEREITUNG
Die Eier trennen. Die Dotter mit der Hälfte des Zuckers sehr schaumig rühren. Das Eiweiß steif schlagen, dann den restlichen Zucker und schließlich noch den Saft und die abgeriebene Schale einer halben Zitrone sowie eine Prise Zimt einschlagen. Den steifen Schnee zur schaumig gerührten Dottermasse geben.

Die Haselnüsse fein reiben. In einer Pfanne etwas Öl und Butter erhitzen und die geriebenen Nüsse darin leicht anrösten.

Das Mehl mit Backpulver vermengen und dann mit den gerösteten Haselnüssen unter die Teigmasse heben.

Man kann den Teig entweder in eine Springform oder in kleine Guglhupfförmchen füllen. Man befüllt jeweils gut zur Hälfte mit der Masse. Dann das Backrohr auf 190 °C vorheizen und darin etwa 45 Minuten backen. Aus der Form nehmen und auf Dessertteller verteilen.

Weinguss: In einem hohen Topf den Wein mit etwas Zitronensaft, einem Schuss Rum, einigen Esslöffeln Zucker, circa einem Teelöffel Vanillezucker, einigen Nelken und einer Zimtrinde aufkochen. Man kann die Menge der Zutaten variieren, es hängt auch davon ab, welchen Wein man verwendet. Es reicht, wenn der Weinguss nur einmal aufkocht. Dann siebt man ihn, lässt ihn eventuell etwas abkühlen und gießt ihn über den gebackenen Teig.

Das Obers schlagen, wenn man möchte, den Schlag noch mit etwas Zucker süßen und damit den „Besoffenen Winzer" verzieren.

REZEPTE

ENTENBRUST, MARINIERT, MIT RIESLING-KRAUTFÜLLUNG IN ENTEN-DEMI-GLACE
Hotel-Restaurant Golfpark Metzenhof, Seite 136

ZUTATEN
4 Entenbrüste (je ca. 200 g), 2 EL Olivenöl, 2 Zweige Rosmarin, Salz, Pfeffer

RIESLINGKRAUT
200 g Sauerkraut, 30 g Lardo klein gewürfelt, 1 kleine Zwiebel, 50 g Rosinen, 2 EL Zucker, 400 ml Riesling

DEMI-GLACE
2 kleine Zwiebeln, Entenknochen, 1 TL Tomatenmark, 1 Zweig Thymian, 1 Zweig Rosmarin, 50 ml Rotwein, Kümmel, gemahlen, Öl zum Anbraten, Salz

ZUBEREITUNG
Entenbrüste putzen und waschen. Die Haut rautenförmig einschneiden. Die Fleischstücke mit Salz, Pfeffer und Rosmarin einreiben, etwas Olivenöl darüber träufeln und das Ganze für etwa fünf Stunden kalt stellen.
Währenddessen die Krautfüllung vorbereiten. Vom Lardo in einer heißen Pfanne das Fett auslassen und die fein gewürfelte Zwiebel dazugeben. Das Sauerkraut waschen, feiner schneiden und zu den nur kurz schaumig angedünsteten Zwiebeln geben. Rosinen, Zucker und Riesling in die Pfanne geben, unter gelegentlichem Rühren fünfzehn Minuten lang reduzieren lassen.
Auf der Breitseite der Entenbrüste eine Tasche einschneiden, mit Riesling-Kraut füllen. Die Fleischstücke scharf anbraten, dann im vorgeheizten Backrohr bei circa 180 °C 8 bis 10 Minuten braten. Für die Sauce die klein geschnittenen Zwiebeln in einem Topf mit Öl goldbraun anbraten, die Entenknochen zugeben und dunkel werden lassen. Das Tomatenmark, die Kräuter, Rotwein und etwas Wasser hinzufügen. Alles gut einkochen lassen. Mit Salz und Kümmel würzen. Alles durch ein feines Sieb seihen, Butter zur Sauce geben und nochmals abschmecken.
Als Beilagen empfiehlt der Küchenchef Serviettenwürfel und eine Knödelvariation aus mit Bauernspeck gefüllter Kartoffelteigrolle.

MOUSSAKA
Hof-Genussladen Enns, Seite 140

ZUTATEN
700 g Melanzani (man kann auch Zucchini oder Erdäpfel verwenden), 500 g Faschiertes vom Lamm (man kann auch andere Fleischsorten verwenden), 80 g Zwiebeln, 200 g Tomaten, 2 El Tomatenmark, 4 Knoblauchzehen, etwas Mehl zum Wenden, 40 ml Oliven- oder Pflanzenöl, Oregano, Zimt, Salz, Pfeffer

BECHAMELSAUCE
30 g Mehl, 30 g Butter, 2 schwarze Pfefferkörner, 30 ml Milch (oder einen Fond), 2 Eidotter, Muskat, Salz, Pfeffer

ZUBEREITUNG
Melanzani in circa 1 Zentimeter dicke Scheiben schneiden, salzen, ziehen lassen, mit Krepp abtrocknen. In Mehl wenden, gut abklopfen. In einer Pfanne Öl erhitzen, Melanzani darin schwimmend beidseitig bräunen, auf Gitter heben, abtropfen lassen.
Zwiebeln schälen, klein schneiden, in Öl anrösten. Das Faschierte beigeben, durchrösten. Tomaten schälen, entkernen und sehr klein würfeln und beigeben. Tomatenmark, gepressten Knoblauch, Zimt, Oregano und Salz untermengen, das Ganze zehn Minuten mitdünsten.
Die Hälfte der Melanzanischeiben in eine Auflaufform überlappend einordnen. Fleischsauce darüber gießen, glattstreichen, nochmals mit Melanzanischeiben bedecken.
Für die Bechamelsauce Butter in einem Topf schmelzen, das Mehl mit den Pfefferkörnern bei milder Hitze sanft andünsten. Die Milch oder Fond nach und nach hineinrühren und unter weiterem Rühren bei kleiner Hitze etwa fünf Minuten köcheln lassen. Mit Salz, Pfeffer und Muskat abschmecken, und durch ein feines Sieb passieren. Dann mit den Eidottern verrühren, abschließend über das Gericht streichen. Im auf 200 °C vorgeheizten Backrohr 35 Minuten goldbraun backen. In der Gratinierschüssel auftragen.

ERDÄPFELKAS
Mostschänke Silvia Rohrhuber, Seite 148

ZUTATEN
500 g mehlige Erdäpfel, 250 ml Rahm, 1 Zwiebel, 1 Bund frischer Schnittlauch, Salz, Pfeffer

ZUBEREITUNG
Die Erdäpfel waschen. Für dieses Gericht eignen sich nur mehlige Erdäpfel, da der Erdäpfelkas eine leicht mürbe Konsistenz haben sollte. Am besten ist es, die Erdäpfel mit der Schale zu dämpfen, entweder mit einem Siebeinsatz oder mit dem Dampfgarer. Man kann sie auch in Wasser kochen, doch ist das Dämpfen schonender für die Vitamine. Wenn die Kartoffel gar sind, schält man sie noch heiß. Sie sollten auch noch warm sein, wenn man sie anschließend durch die Kartoffelpresse in eine Schüssel drückt, sonst wird der Kas zäh. Er sollte jedoch eine leicht flaumige Konsistenz haben. Dann gießt man den Rahm zu und achtet beim Vermengen wieder auf die mürbe Konsistenz.
Die Zwiebel schälen und kleinwürflig hacken. Zum Erdäpfelbrei geben und vorsichtig unterrühren sonst könnte der Kas ebenfalls gummiartig werden. Salzen und pfeffern nach Geschmack.
Schnittlauch waschen, in feine Ringe schneiden und über den Kas streuen. Am besten genießt man den Kas noch warm. Man streicht ihn auf ein Brot wie Topfenaufstrich. Er ist eine hervorragende Ergänzung zu Most oder als Beilage zu Geselchtem. Am besten dazu schmeckt echtes Bauernbrot vom Laib, köstlich, wenn es Gewürzbrot mit rescher Kruste ist, mit Fenchelsamen oder Kümmel zum Beispiel, weil der Erdäpfelkas sich sehr gut anpasst.

SPARGEL-ZIEGENKÄSE-STANGERL
Nußböckgut, Seite 150

ZUTATEN
250–300 g Blätterteig, 1 Freilandei, 1 kg Grünspargel (16 Spargelstangen), 8 Scheiben Ziegenkäse, 8 Scheiben Beinschinken, Meersalz

ZUBEREITUNG
Grünspargel blanchieren. Zum Blanchieren genügen meist 20 bis 30 Sekunden. Anschließend empfiehlt es sich, den Grünspargel in Eiswasser abzuschrecken. Dadurch behält er Farbe, Geschmack und Struktur. Den Blätterteig zu einem Rechteck von 50 x 30 Zentimeter ausrollen, in 8 gleich große Streifen schneiden. Jeweils 2 Spargelstangen mit Ziegenkäse und Beinschinken einwickeln. Anschließend diese mit den Blätterteigstreifen umwickeln. Den Backofen auf 200°C vorheizen. Die Spargel-Ziegenkäse-Stangerl auf ein Blech legen, mit dem verquirlten Ei bepinseln und mit grobem Meersalz bestreuen. Im vorgeheizten Backofen bei 200 °C 15 Minuten backen.

REZEPTE

WALDVIERTLER SCHNITZEL MIT KARTOFFELGRATIN
Hofladen Karl & Elisabeth Eßbichl, Seite 154

ZUTATEN
4 Schweinsschnitzel, 12 dünne Scheiben Bauchspeck, 6 Essiggurkerl, 8 Scheiben Goudakäse, Öl zum Braten, Salz, Pfeffer, Mehl zum Bestauben

KARTOFFELGRATIN
800 g festkochende Kartoffel, 125 ml Schlagobers, 125 ml Milch, 1 EL Öl, Salz, Pfeffer

ZUBEREITUNG
Schnitzel: Das Fleisch klopfen, salzen und pfeffern. In einen tiefen Teller ein wenig Mehl häufen, das Fleisch hauchfein damit bestauben, danach abklopfen, damit wirklich nur eine sehr dünne Mehlschicht auf dem Fleisch bleibt. In einer Pfanne das Öl auf hohe Stufe erhitzen, die Schnitzel darin auf einer Seite kurz anbraten, bis sie eine leicht bräunliche Farbe angenommen haben. Schnitzel wenden und auch auf der anderen Seite kurz anbraten. Schnitzel aus der Pfanne nehmen und auf ein Backblech legen.

Die Essiggurken der Länge nach in feine Scheiben schneiden und auf den Schnitzeln verteilen. Die sehr dünn geschnittenen Speckscheiben in einer Pfanne knusprig anbraten, dann auf die Essiggurkerln legen. Danach noch je Schnitzel zwei Scheiben Goudakäse darauf legen. Das Backrohr auf 160 °C Heißluft vorheizen und die Schnitzel etwa zehn bis fünfzehn Minuten garen, bis der Käse zu schmelzen beginnt.

Kartoffelgratin: Die Erdäpfel schälen und in dünne Scheiben hacheln. In einer Bratpfanne wenig Öl erhitzen, die rohen Kartoffelscheiben darin verteilen. Milch und Schlagobers dazu mischen und mit Salz und Pfeffer nach Geschmack würzen. Unter ständigem Rühren die Kartoffelmasse circa fünf Minuten auf hoher Stufe garen. Danach in eine Auflaufform geben und bei 160 °C Heißluft etwa 30 bis 40 Minuten backen, bis sich eine leicht bräunliche Kruste gebildet hat.

LAMMKRONEN AUF WILDKRÄUTERSALAT MIT BRATKARTOFFELN UND SCHAFJOGHURTDIP
Gasthaus Schoffpau'r, Seite 156

ZUTATEN
1 Lammkrone (8 Koteletts), 4 Knoblauchzehen, 1 EL Lammgewürz, 60 ml Portwein, 1 EL Johannesbeerenmarmelade, 4 EL Olivenöl

SALAT
250 g Wildkräuter (z.B. Löwenzahn, Brennnessel, Spinat, Ruccola, Schafgarbe, Gänseblümchen), 1 EL eingelegte Vogelbeeren, 1 EL Walnussöl, 1 EL Apfelessig, 1 EL Honig, Bratkartoffeln, 500 g heurige Erdäpfel, 1 EL Butter

DIP
250 g Schafjoghurt, 100 g Gervais (Frischkäse), 20 g frische Minze, Salz, Pfeffer

ZUBEREITUNG
Die Lammkrone im Ganzen marinieren. Dazu reibt man sie mit den Händen mit dem Olivenöl, den fein gehackten Knoblauchzehen und dem Lammgewürz ein. Eine Stunde zugedeckt ziehen lassen, möchte man sie länger ziehen lassen, sollte man sie in den Kühlschrank stellen. In einer Pfanne Olivenöl erhitzen und die Lammkrone darin scharf anbraten. In eine Rein geben und im vorgeheizten Backrohr bei 140 °C etwa 20 Minuten garen. Die Pfanne mit dem Bratensatz erneut erhitzen und mit Portwein ablöschen. Johannesbeerenmarmelade einrühren.

Für den Salat gut waschen und wenn nötig zerkleinern. Eingelegte Vogelbeeren dazugeben. Roh sind Vogelbeeren ungenießbar! Aus Honig, Walnussöl und Apfelessig eine Marinade bereiten und mit dem Wildkräutersalat vermengen. Die Kartoffeln kochen, schälen, halbieren, in Butter anbraten und salzen. In einer Schüssel das Joghurt mit dem Gervais verrühren. Minze hacken und ebenso wie Salz und Pfeffer beifügen.

Wildkräutersalat auf die Teller geben. Die Lammkronen portionieren, je zwei Ripperl pro Person darauf legen. Mit Bratenansatz nappieren. Mit Bratkartofferl und Schafjoghurtdip servieren.

MAIBOCK-SCHNITZERL, MIT KRÄUTERN GEFÜLLT, UND KARTOFFEL-ROTKRAUTKNÖDEL

Hofkirchnerstüberl, Seite 160

ZUTATEN

560 g Maibockschlögl, Salz, Pfeffer aus der Mühle

FÜLLUNG

20 g Schalotten, 10 g Knoblauch, 1 EL Butter, 60 g Kräuter (Zitronenthymian, Petersilie, Liebstöckl, Rosmarin), 20 ml Olivenöl

SAUCE

30 g Schalotten, 40 ml Olivenöl, 300 g Kirschtomaten, 200 ml Rehfond, Rosmarin, Salz

GEBACKENER KARTOFFEL-ROTKRAUTKNÖDEL

100 g Rotkraut, gekocht, 300 g Kartoffeln, gekocht und passiert, 150 g glattes Mehl, 3 Eidotter, Muskat, Salz, Pfeffer

ZUBEREITUNG

Die Schlöglteile mit einem scharfen Messer sorgfältig enthäuten und entsehnen. In etwa fünf Millimeter dicke Schnitzel schneiden und leicht plattieren. Mit Salz und Pfeffer würzen. Für die Fülle die Schalotten sehr fein würfeln, den Knoblauch schälen und sehr fein hacken. In einer Pfanne etwas Butter erhitzen und die Schalotten und den Knoblauch anschwitzen, dann mit den fein gehackten Kräutern und dem Olivenöl zu einer Paste verrühren. Die Schnitzel damit bestreichen, einrollen und in eine Klarsichtfolie wickeln. In einem Topf mit Einsatz Wasser zum Kochen bringen, die Schnitzel darin bei 80 °C eine Stunde dämpfen.

Sauce: Die Schalotten würfeln, in einer Pfanne mit Öl anschwitzen. Kirschtomaten vierteln und zusammen mit dem Rosmarin und dem Rehfond zugeben. Um die Hälfte einkochen lassen, anschließend passieren und abschmecken.

Knödel: Die gekochten und passierten Kartoffeln mit dem Mehl, Eidotter, Salz, Pfeffer und Muskat zu einem Teig vermengen. Rotkraut kochen, auskühlen lassen, ausdrücken und fein hacken.

Den Kartoffelteig auf einem Teigbrett auswalzen. Er sollte etwa fünf Millimeter dick sein. Mit einem Ringausstecher im Durchmesser von etwa fünf Zentimetern Ringe ausstechen. Das Kraut in kleine Knödel formen, auf die ausgestochenen Teige legen, Knödel formen und in heißem Fett etwa zehn Minuten schwimmend herausbacken.

REZEPTE

FORELLENFILET AUF GEMÜSEBEET
Jagerbauer Fischspezialitäten, Seite 162

ZUTATEN
4 Forellenfilets à 150–200 g, 3 mittelgroße Karotten, 1 Zucchini, 1 Porreestange, Kräutersalz oder frische Gartenkräuter nach Belieben, Zitronensaft, 2 EL Butter, 2 EL Brösel, Salz, Pfeffer

ZUBEREITUNG
Die Karotten waschen, dünn schälen und in kleine Würfel schneiden. Zucchini waschen, Endstücke abschneiden und ebenfalls nicht zu klein würfeln. Den Porree gut waschen, Wurzeln entfernen und in etwa 1 Zentimeter breite Scheiben schneiden.
In einem Topf etwas Salzwasser zum Kochen bringen. Darin das Gemüse kurz blanchieren. Abseihen, abtropfen lassen. Die Gartenkräuter waschen und hacken.
In einer feuerfesten Form Butter zerlassen, das Gemüse darin schwenken, mit Salz und Pfeffer nach Geschmack würzen und mit den gehackten Kräutern bestreuen. Die Forellenfilets beidseitig mit Salz, Pfeffer und Zitronensaft würzen und mit der Hautseite nach oben auf das Gemüsebett legen. Mit Butter bepinseln und mit den Bröseln bestreuen. Backrohr auf 180° C Heißluft vorheizen und den Fisch darin circa 20 Minuten garen.
Das Rezept lässt sich sehr gut variieren. Man kann dazu verschiedene Fischfilets verwenden und Gemüse der Saison, wie zum Beispiel Auberginen, Chicorée, Brokkoli, sogar Paprika oder Zwiebel und Schalotten beigeben. Als Beilage empfehlen sich entweder Weißbrot, Baguette, Salzkartoffeln, Kartoffelpüree oder Reis.
Diese Art der Fischzubereitung ist nicht nur unkompliziert zu kochen, sondern auch schmackhaft, leicht und gesund.

HOFKIRCHNER HIRSCHKALB IN ROTWEINSAUCE
Gasthof Heuriger Weinbauer, Seite 164

ZUTATEN
1 kg ausgelöster, enthäuteter Hirschkalbsrücken, 500 ml Roter Hudler, 1 Beutel Glühweingewürz, 100 g geräucherter Speck, 2 EL Olivenöl, Salz, Pfeffer, 200 g Sahne, 1 EL Honig, 125 ml Obers, 2 EL Preiselbeeren, Salz, Pfeffer

MARINADE
8 Wacholderbeeren, angedrückt, 4 EL Olivenöl, Pfefferkörner, Thymian, Rosmarin, Bohnenkraut, 4 Lorbeerblätter

ZUBEREITUNG
Alle Zutaten der Marinade vermischen und gemeinsam mit dem Fleisch in einen Gefrierbeutel geben und über Nacht in den Kühlschrank legen. Einmal wenden.
Das Glühweingewürz in den kalten Wein hängen und eine Stunde ziehen lassen, danach den Beutel entfernen; dies ergibt ein bisschen Glühweincharakter.
Am nächsten Tag das Fleisch in einem Sieb abtropfen lassen, die Marinade für später in einer Schale auffangen. Speck würfeln. In einer Pfanne Olivenöl erhitzen und den Speck anbraten, dann das Fleisch beidseitig mit dem gewürfelten Speck kurz anbraten, dabei salzen und pfeffern. Ofen auf 180 °C bringen. Das Fleisch in eine Kasserolle geben und mit dem Wein und der Marinade übergießen. Etwas von dem Wein übrig lassen. Das Fleisch etwa 45 Minuten auf dieser Hitzestufe braten und dabei immer wieder mit der Marinade und dem Wein übergießen.
Die Pfanne aus dem Ofen nehmen und das Fleisch warm stellen. Die Bratenrückstände auf der Kochplatte mit dem restlichen Rotwein auskochen. Honig beigeben, mit Obers zu einer gebundenen Sauce einkochen. Mit Salz und Pfeffer abschmecken.
Auf jeden Teller einen Tupfer Preiselbeeren geben und darauf das Fleisch anrichten.

Tipp: Wildbret direkt beim heimischen Jäger besorgen und passend dazu Serviettenknödel und Apfelblaukraut servieren.

DAMHIRSCH-ROULADE NACH ART DES HAUSES
Landgasthof Schmidbauer, Seite 166

ZUTATEN
8 Damhirschschnitzel à 80–100 g, 8 Blatt Wacholder-
schinken, 1 kleine Sellerieknolle, 2 Karotten, 2 Essig-
gurkerl, 2 EL Öl, 60 ml Rotwein, Salz, Pfeffer

SAUCE
1 kleine Zwiebel, 200 g Eierschwammerl, 50 g Mehl,
60 ml Weißwein, 60 ml Schlagobers, Salz, Pfeffer

ZUBEREITUNG
Die Schnitzel dünn klopfen, auf eine Arbeitsfläche verteilen und auf jedes Schnitzel ein Schinkenblatt legen.
Das Gemüse „Julienne" schneiden. Diese Schnitttechnik
ergibt die besonders feinen und dünnen Gemüsestücke,
die aus der französischen Küche bekannt sind. Dabei
wird das Gemüse vorzugsweise aufrecht von oben nach
unten in circa 3 Millimeter dicke Scheiben geschnitten.
Die Bögen an den Rändern werden beschnitten, sodass
Rechtecke, die circa 6 x 3 Zentimeter groß sein sollten,
übrig bleiben. Die rechteckigen Stücke werden gesta-
pelt und längs vom Stapel in schnellem Schnitt in feine
Streifen heruntergeschnitten. Wichtig ist, dass die Streifen gleichmäßig werden. Dabei kann ein Streichholz
als Orientierung dienen, denn in der guten Küche darf
Juliennegemüse maximal den doppelten Umfang eines
Streichholzes haben.
Die Sellerieknolle waschen, schälen und Julienne schneiden. Auch die Karotten waschen, schälen und zu Ju-
liennestücken stifteln. Die Essiggurkerl abtropfen und in
ebenso feine Streifen schneiden.

Das Juliennegemüse dann auf den Schinken legen und
das Fleisch einrollen. Die Roulade mit einem Zahnstocher
fixieren und das Fleisch salzen und pfeffern.
Öl in einer Pfanne erhitzen und die Rouladen darin auf
allen Seiten anbraten. Mit dem Rotwein ablöschen, mit
Wasser aufgießen. In der geschlossenen Pfanne fertig
dünsten.
Eine kleine Zwiebel schälen und in kleine Würfel hacken.
In einer Pfanne Öl erhitzen und anschwitzen. Die geputzten Eierschwammerl dazugeben, kurz anrösten und mit
Mehl bestauben. Mit Weißwein ablöschen und mit Wasser
aufgießen. Dann einige Minuten fertig dünsten. Zum
Schluss etwas Salz und Pfeffer beigeben und das Schlag-
obers unterrühren.

Linzer Altstadt

REZEPTVERZEICHNIS

Linzer Stadtmarkt

REZEPTVERZEICHNIS

Kongresszentrum

ADRESSVERZEICHNIS

ADRESSVERZEICHNIS

Besondere Adressen für Sie entdeckt

Chiemgau
232 Seiten, Hardcover
978-3-86528-521-8

Ober- und Niederösterreich
256 Seiten, Hardcover
978-3-86528-494-5

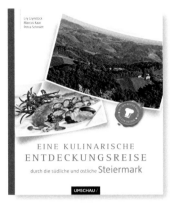

Südliche und östliche Steiermark
216 Seiten, Hardcover
978-3-86528-509-6

Vorarlberg
192 Seiten, Hardcover
978-3-86528-476-1

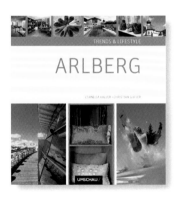

Arlberg
184 Seiten, Hardcover
978-3-86528-501-0

Olympiaregion Seefeld
144 Seiten, Hardcover
978-3-86528-513-3

Wipptal und Eisacktal
128 Seiten, Hardcover
978-3-86528-543-0

Zillertal
152 Seiten, Hardcover
978-3-86528-479-2

Basel und Markgräflerland
184 Seiten, Hardcover
978-3-86528-502-7

Oberösterreich
224 Seiten, Hardcover
978-3-86528-475-4

Vom Schwarzwald bis zum Neckar
144 Seiten, Hardcover
978-3-86528-519-5

Wien
160 Seiten, Hardcover
978-3-86528-468-6

Weitere Empfehlungen für Sie

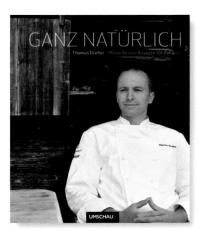

Ganz Natürlich
Thomas Dreher
192 Seiten, Hardcover mit Schutzumschlag
978-3-86528-747-2

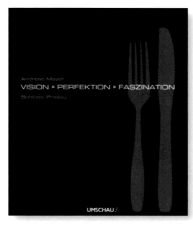

Vision – Perfektion – Faszination
Andreas Mayer
192 Seiten, Hardcover, Banderole
978-3-86528-676-5

Edelsüße Weine
August F. Winkler
304 Seiten, Hardcover mit Schutzumschlag
978-3-86528-700-7

Drunter & Drüber
Das Brotback- und Aufstrichbuch
208 Seiten, Hardcover
978-3-86528-746-5

Wild, Harald Rüssel
208 Seiten, Hardcover
978-3-86528-734-2

Marokkanisch kochen
160 Seiten, Hardcover
978-3-86528-760-1

Die genussvollen Seiten des Lebens

Für weitere Informationen über unsere
Reihen wenden Sie sich direkt an den Verlag

Neuer Umschau Buchverlag
Theodor-Körner-Straße 7
D-67433 Neustadt / Weinstraße

Telefon   + 49 (0) 63 21 / 8 77-852
Fax   + 49 (0) 63 21 / 8 77-866
E-Mail   info@umschau-buchverlag.de

Besuchen Sie uns auch im Internet:
www.umschau-buchverlag.de

IMPRESSUM

© 2012 NEUER UMSCHAU BUCHVERLAG GMBH
NEUSTADT AN DER WEINSTRASSE

TEXTE
Lily Grynstock, Wien

FOTOGRAFIE
Alfred Leis, Hallein, Österreich
www.alfredleis.at

LEKTORAT, HERSTELLUNG
UND SATZ
komplus GmbH, Heidelberg
www.komplus.de

REPRODUKTIONEN
Blaschke Vision, Freigericht

DRUCK UND VERARBEITUNG
NINODRUCK, Neustadt/Weinstraße

Printed in Germany
ISBN: 978-3-86528-541-6

Lily Grynstock, Alfred Leis

Die Ratschläge in diesem Buch wurden von den Autoren und dem Verlag sorgfältig erwogen und geprüft, dennoch kann eine Garantie nicht übernommen werden. Eine Haftung der Autoren und des Verlages für Personen-, Sach- und Vermögensschäden ist ausgeschlossen.

Besuchen Sie uns im Internet
www.umschau-buchverlag.de

Wir bedanken uns für die freundlicherweise zur Verfügung gestellten Fotos bei:
Seite 76 und 77 unten, Heinz Fallen, Lichtenberg, Österreich
Seite 96–97, Josef, Linz, Österreich
Seite 143 oben, Confiserie Wenschitz, Allhaming, Österreich
Seite 144–147, Holzofenbäckerei Gragger, Ansfelden, Österreich
Seite 150–153, © www.p-format.at, Linz-Leonding, Österreich

Text auf Seite 151 und 153:
p-format Marketing & Advertising GmbH